奉献同航

——做好新时代北航青年志愿服务先锋队

◎庄岩　丁瑞云　主编

北京航空航天大学出版社
BEIHANG UNIVERSITY PRESS

图书在版编目（CIP）数据

奉献同航 ： 做好新时代北航青年志愿服务先锋队 / 庄岩，丁瑞云主编. -- 北京 ： 北京航空航天大学出版社，2022.11

ISBN 978-7-5124-3951-1

Ⅰ．①奉… Ⅱ．①庄… ②丁… Ⅲ．①大学生－青年志愿者行动－社会服务－概况－北京 Ⅳ．①D432.6

中国版本图书馆CIP数据核字（2022）第237985号

奉献同航——做好新时代北航青年志愿服务先锋队

责任编辑：王　素

责任印制：秦　赟

出版发行：北京航空航天大学出版社

地　　址：北京市海淀区学院路37号（100191）

电　　话：010-82317023（编辑部）　　　　010-82317024（发行部）
　　　　　010-82316936（邮购部）

网　　址：http://www.buaapress.com.cn

读者信箱：bhxszx@163.com

印　　刷：北京雅图新世纪印刷科技有限公司

开　　本：710mm×1000mm　1/16

印　　张：19.25

字　　数：286千字

版　　次：2022年11月第1版

印　　次：2022年11月第1次印刷

定　　价：96.00元

编 委 会

主　编：庄　岩　丁瑞云

副主编：张晓磊　姜玥莹　韩浩铖

编委会成员

李海涛　曹雨涵　江浩林　刘洋岐

张瑞哲　舒婧焱　张　凯　吕子良

王广琛　刘懿祺

前　言

"志愿服务是社会文明进步的重要标志。"十八大以来，党和国家高度重视志愿服务事业发展，习近平总书记多次作出重要指示，充分肯定志愿服务的重要作用，勉励志愿者作出更大贡献，为新时代志愿服务事业发展提供了行动指南和强大动力。

北京航空航天大学始终深入学习贯彻习近平总书记重要指示精神，将志愿服务作为青年师生践行"德才兼备、知行合一"价值追求的重要平台，不断完善宣传动员、组织培训、优质服务、激励总结等全链条工作体系，大力弘扬"奉献、友爱、互助、进步"的志愿精神，引领广大师生积极投身社会公益，担当志愿先锋力量，促进"空天报国红色基因"与"志愿服务蓝色传统"相互交融。

特别是近年来，学校志愿者工作专业化、规范化、制度化和常态化发展不断提升。从上好服务保障中华人民共和国成立70周年、建党百年、北京冬奥会等大思政课，到6789人次学生参与疫情防控工作；从连续20年派遣研究生支教团赴西部支教，到牵头成立首都高校科技志愿服务总队……北航青年志愿者积极投身支教助学、基层治理、疫情防控、科普实践、乡村振兴、大型活动等领域，无私奉献、辛苦付出，志愿者队伍不断壮大，志愿服务精神不断传扬，涌现出大批精品活动、榜样人物和典型做法，志愿者的微笑成为北航青年服务国家、奉献人民最为靓丽的时代名片。

为更好总结志愿工作经验成果，更好展示志愿品牌先进风采，更好弘扬志愿奉献精神风尚，本书整合学校工作体系和特色成效，并摘选近三年来14个精品项目、7个示范团体和22位先进个人事迹，分录在"不负青春　奉献同航""品牌示范　接力筑航""团队赋能　温暖聚航""榜样闪光　精神领航"4个篇章，全面讲述北航志愿服务事业，为读者提供志愿育人示范性、引领性参考读物。

时代各有不同，青春一脉相承。期待更多青年学子跑好青春奉献的接力赛，不负韶华，不负时代，不负人民，在实现民族复兴的赛道上奋勇争先，再立新功！

编　者

于北京航空航天大学

2022年5月

奉献同航

——做好新时代北航青年志愿服务先锋队

C 目 录
CONTENTS

第三篇 团队赋能 温暖聚航

第四篇 榜样闪光 精神领航

第一篇

不负青春　奉献同航

不负青春，奉献同航

一、北京航空航天志愿服务发展概况

志愿服务精神是培养学生大爱精神的重要途径，是一流拔尖创新人才责任担当的重要体现。自2001年世界大学生运动会期间成立彩虹志愿服务队至今，北京航空航天大学志愿服务体系不断完善拓展，先后优质服务于北京奥运会、北京园博会、APEC会议、中非论坛、一带一路论坛、亚文会、北京世园会、国庆70周年、建党百年、北京冬奥会等多项重要活动。

近年来学校启动"V蓝北航"全员志愿者行动计划，通过推动注册、健全组织、培育项目、规范管理、表彰激励等五个方面贯彻落实《共青团中央改革方案》"加强团员意识教育，推动全体团员成为注册志愿者"相关要求，进一步推进北航学生志愿服务工作科学化、规范化、制度化建设，本科生志愿北京平台注册率超96%，平台认证服务时长超百万小时。"志愿蓝"的微笑成为北航学子服务国家、服务人民最为靓丽的青春名片。

▶ 2001年，世界大学生运动会在北京举办，学校建立彩虹志愿服务队
▶ 2002年，青年志愿者服务团成立，隶属校学生会
▶ 2003年，派出首批中国青年志愿者扶贫接力计划研究生支教团
▶ 2005年，青年志愿者服务团从校学生会独立，更名为蓝天志愿者协会
▶ 2008年，北京奥运会、残奥会
▶ 2009年，中华人民共和国成立60周年庆祝活动
▶ 2012年，北京航空航天大学60周年校庆
▶ 2013年，第九届中国国际园林博览会
▶ 2014年，亚太经合组织(APEC)领导人非正式会议
▶ 2015年，北京国际田联世界田径锦标赛

▶ 2016年，首个"中国航天日"主题活动
▶ 2016年，"V蓝北航"全员志愿者行动计划
▶ 2017年，首届"一带一路"国际合作高峰论坛
▶ 2018年，中非合作论坛北京峰会
▶ 2019年，第二届"一带一路"国际合作高峰论坛
▶ 2019年，首届亚洲文明对话大会
▶ 2019年，中国北京世界园艺博览会
▶ 2019年，中华人民共和国成立70周年庆祝活动
▶ 2019年，第十六届"挑战杯"全国大学生课外学术科技作品竞赛
▶ 2020年，中国国际服务贸易交易会
▶ 2021年，中国共产党成立100周年庆祝活动
▶ 2022年，北京冬奥会、冬残奥会

■ 北京航空航天大学志愿服务重要活动

二、工作体系及内容概况

学校学生志愿服务工作依托"志愿北京"系统，发挥蓝天志愿者协会、研究生支教团等品牌效应，由校团委组织，各院系、学生工作部、研究生院等配合，联络各院系志愿服务队及公益社团，打造全方位志愿者管理模式，弘扬志愿奉献精神，搭建实践育人平台。

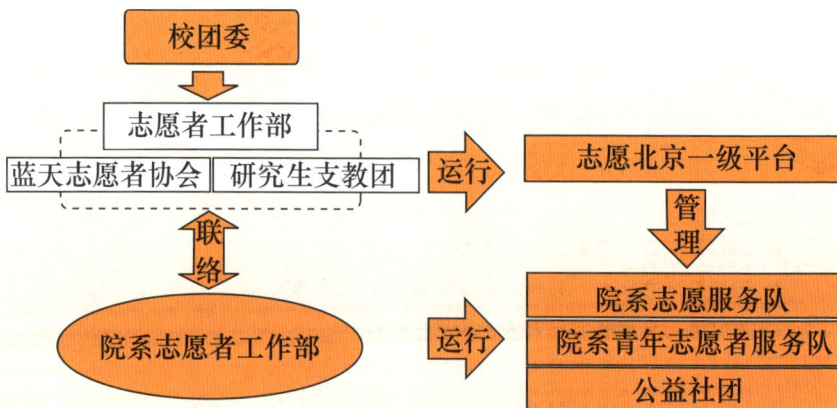

■ 学校志愿服务工作体系

北京航空航天大学充分发挥校内学生组织优势，建立首都学雷锋志愿服务示范站，立足学院路和沙河两校区地理位置，开展院系街乡对接帮扶，辐射、动员本科生、研究生全方位参与志愿服务活动。近年来，学生志愿者参与服务北京天文馆、中华世纪坛等场馆讲解，思源楼智能手机教学、夕阳再晨、爱地敬老院等爱老助老，小桔灯听障儿童、昌雨春童康复中心等助残关怀，幸福小镇、花园小课堂、童年一课等支教助学项目100余个，同时联合全国各高校、志愿公益组织发起各项精品化活动，促进高校志愿公益联合发展，推动打造大学生志愿服务品牌。

■ 志愿者在北京西站为刚入学的新生和新生家长发放饮用水

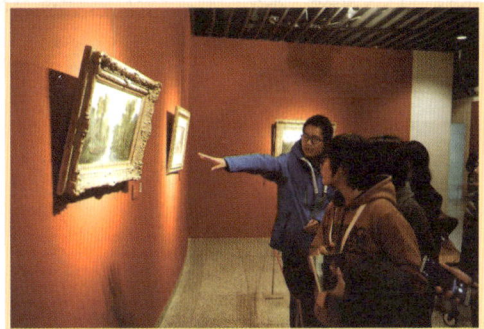
■ 志愿者在中华世纪坛进行志愿讲解服务

学校积极发挥志愿服务先进典型的示范引领作用，鼓励各单位和个人参与志愿服务工作。组织完成年度优秀志愿者、优秀志愿服务项目评选，连续五年开展年度"理纯杯"志愿服务先进单位、年度"十佳志愿者"表彰等活动，引导一批批北航志愿者投身志愿实践，在服务社会中成就自我。

■ 志愿者陪伴听力康复中心的孩子制作手工

2021年度十佳志愿者评选暨志愿服务表彰会

■ 2021 年度"十佳志愿者"评选暨志愿服务表彰会

　　近年来，北航获评索尼梦想课堂项目"优秀支教团队"和"科普传播"奖、北京市志愿服务项目大赛金奖、中国科技馆"志愿服务优秀团队第一名"、长城助残活动"爱心团队"荣誉称号、"阿克苏诺贝尔中国大学生社会公益奖"、WWF（世界自然基金会）地球一小时最具行动力高校（社团）奖、海淀区优秀志愿服务项目、榜样100全国最佳大学生社团等多项荣誉。

第二篇

品牌示范　接力筑航

高质量服务重大活动：
空天报国红色基因，志愿服务蓝色传统

北京航空航天大学始终积极响应党和国家号召，发挥高校共青团组织优势，动员招募并组织学生志愿者，圆满承担国际、国家级外交、赛事、联欢、展览等各项重要志愿服务任务，用实际行动奉献国家、服务人民，获评"优秀组织单位"等多项荣誉。

2008年，作为北京奥运会及残奥会举重赛事属地单位以及首都机场志愿者服务主责单位，北京航空航天大学承担志愿服务保障的赛会、城市、社会、表演等各类志愿者以及学校特别设立的"平安奥运行动"志愿者共计5000余人。

■ 2008 年北京奥运会志愿者

自此，学校重大志愿服务活动推向新的发展阶段。

特别是近年来，北航不断完善志愿者制度建设，壮大志愿者队伍，延续志愿者精神，高质量服务保障国庆70周年、建党百年、北京冬奥会等多项重要活动。

第一届"一带一路"国际合作高峰论坛

■ 84名志愿者服务首届"一带一路"国际合作高峰论坛

2017年5月14日，"一带一路"国际合作高峰论坛于北京开幕，北京航空航天大学84名志愿者完成几个月的通用培训、专业培训、岗位培训和实战演练，服务于高峰论坛，分配会议酒店、颐和园和国家会议中心三个岗位。志愿者始终保持不怕吃苦、勇于担当、踏实严谨、兢兢业业的工作作风，圆满完成了上级部署的相关任务，积极弘扬北航精神，向世界展现中国青年风貌。

中非合作论坛北京峰会

■ 52名志愿者服务中非合作论坛北京峰会

2018年8月29日至9月5日，北航学生志愿者在中非合作论坛北京峰会活动中，承担宗教服务及会外服务等共6个岗位，累计上岗（含演练）52人次，累计服务时长2686小时。其中宗教服务方面，学生服务埃及、阿尔及利亚、乌干达、布基纳法索等国家的记者、企业家、驻华使馆工作人员到礼拜室、静思室过宗

奉献同航
——做好新时代北航青年志愿服务先锋队

教生活10人次，得到了来宾和领导的一致认可；会外服务方面，学生们向所有来公园游览的中外游客提供讲解、引导服务，解决法语沟通问题，得到负责同志一致称赞。

第二届"一带一路"国际合作高峰论坛

2019年4月25日到27日，来自北京航空航天大学24个学院（书院）的80名学生通过学院推荐、资格审查、身份注册等环节成为第二届"一带一路"国际合作高峰论坛志愿者，完成专项培训、动员誓师及岗位对接工作。其中首都大酒店志愿者自4月20日起上

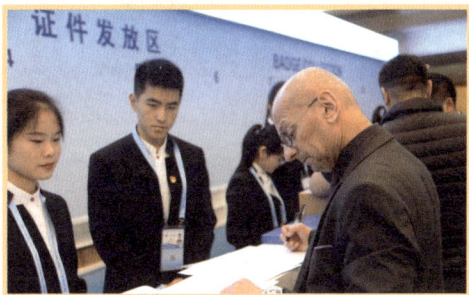

■ 80名志愿者服务第二届"一带一路"国际合作高峰论坛

岗，负责证件注册、会议材料装包、后勤保障等工作；国家会议中心志愿者自4月25日起上岗，负责地方合作论坛的会务接待、后勤安保等工作，用饱满的热情为各国来宾服务。

首届亚洲文明对话大会

2019年5月15日，北京航空航天大学派出48名志愿者参与亚洲文明对话大会志愿服务，岗位包括开幕式国家会议中心的咨询台、新闻中心以及会场指引，为与会领导和嘉宾提供全面、便捷、热情的会场服务。

■ 48名志愿者服务亚洲文明对话大会

2019中国北京世界园艺博览会

■ 197名志愿者服务北京世界园艺博览会

2019年7月7日至7月14日间，北航197名志愿者顺利完成连续8天的第11批次世园会志愿服务工作。志愿者完成包含志愿服务通用知识、世园会背景介绍等内容的志愿者培训，在世园会新闻中心、国际馆、生活体验馆和世界园艺展示区的共计47个展馆提供志愿服务，承担语言翻译、游客引导、问询服务、纪念盖章、组织协调、展区讲解等相关工作。

中华人民共和国成立70周年庆祝活动

■ 114名志愿者服务国庆70周年庆祝活动

2019年10月，北京航空航天大学114名志愿者分别负责国庆70周年庆祝活动观礼台和彩车人员服务。志愿者团队按照岗位分配和校区划分，综合设立6个班组集体开展体能训练、团队建设和主题教育等活动，并设置宣传联络员进行多级式系统管理，累计培训157小时。其中观礼台服务共计76人，负责观礼台嘉宾的引导和互动；地方彩车服务保障的志愿者共计38人，负责彩车工作人员的接待与保障。

中国共产党成立100周年庆祝活动

2021年7月，北京航空航天大学308名志愿者参与中国共产党成立100周年庆祝活动。庆祝大会上，220名北航志愿者在天安门广场负责观众引导与秩序维护；文艺演出中，88名北航志愿者在国家体育场负责保障通行秩序和应急疏散通道畅通。志愿服务队先后进行包

■ 308名志愿者参与中国共产党成立100周年庆祝活动（图为《伟大征程》文艺演出）

括党史学习、急救知识、礼仪规范等主题的培训和工作会6次，培训总时长超过6000小时，庆祝大会志愿者参与实地踏勘、全要素演练共3次，文艺演出志愿者参与专场演出及正式演出共3场。

北京2022年冬奥会和冬残奥会

在志愿服务保障任务中，北京航空航天大学作为延庆场馆群运行团队牵头高校和国家高山滑雪中心主责高校，历时超两年筹备组织，选拔428名师生组成志愿者团队，分布于国家高山滑雪中心、阪泉综合服务中心、国家雪

■ 428名志愿者服务北京冬奥会、冬残奥会

车雪橇中心、延庆场馆群指挥部、各签约住宿酒店、交通设施随车及延庆驻地专班等各业务领域。闭环管理77天连续工作50天，服务近12万小时，获评"北京冬奥会、冬残奥会突出贡献个人""北京市先进集体"等荣誉。

疫情防控志愿服务：

慎终如始的战"疫"北航力量

2020年初新冠肺炎疫情暴发，党中央、国务院迅速做出重要部署，全国上下众志成城。北京航空航天大学广大志愿者积极响应"立即行动起来、投身疫情防控"的号召，科学有序参与疫情防控工作，在联防联控、群防群治、物资保障、复工复产等方面做出积极贡献。

以2020年第一学期为例：

一、疫情防控志愿服务总体情况

疫情发生以来，北航依据各级工作部署要求，积极动员，广泛推广，结合疫情防控和复工复产实际形势，引导学生以自愿和安全为原则，以各种形式踊跃参与志愿服务工作。经过全面摸排，学校共有5219名学生（6789人次）自觉参与疫情防控有关工作。其中，参与社区、车站、医院等防控一线志愿服务804人；开展疫情大数据预测、抗击新冠肺炎材料研制等课题106人；主动捐款捐物奉献爱心2905人；制作疫情防控主题推送、海报、视频、歌曲等宣传作品1151人；参与学校疫情防控学生摸排和沟通联络等工作1132人；组织开展心理疏导、线上学习帮扶、健康生活指导等691人。

广大北航青年在参与疫情防控过程中，积极弘扬青春主旋律和战"疫"正能量，涌现出一批先进典型和感人事迹。

二、主要做法和成效

1. 及时响应，科学管理

2月中旬，北京航空航天大学第一时间响应共青团中央《返乡大学生团员们，请到社区（村）报到》的倡议，充分依托团组织体系传达参与社区（村）疫情防控的号召内容，通过校内各志愿服务组织、公益社团等发布医护家庭线上帮扶等项目招募，多平台动员学生以"安全第一，力所能及"为原则自愿参与，向所在社区（村）报到、与一线医护人员家庭结对，在落实学校防控工作要求、保证自身和家人健康安全的前提下，依法科学有序地参与到各项疫情防控工作中。

为做好志愿者信息管理和工作指导，学校开设"疫情防控通"信息填报系统，在对应栏目进行每日身体状况、工作内容等填报，运用网络新媒体开展志愿者的动员招募和管理。各级单位主动谋划、压实责任，做好学生个人防护和自身安全的指导工作，对于本单位学生正在开展和即将开展的工作，实时跟踪、研判风险、分析困难，保证志愿者自觉接受学校学院（书院）和居住地所在社区（村）党、团组织的领导和指挥，科学、有序参与疫情防控工作。

2. 广泛宣传，积极引导

为深入挖掘疫情防控故事，讲述志愿服务感人事迹和典型案例，学校各平台积极进行推送报道。学校官网上线疫情防控专题版面，新闻网及官方微信公众号多次宣传志愿者新闻事迹、制作抗疫人物群像，校团委、各学院（书院）利用校内网络媒体进行推广，得到多方新闻媒体转载支持。通过疫情防控志愿服务系列宣传，增强学生参与防疫工作热情，弘扬"奉献、友爱、互助、进步"的志愿精神。

其中，作为"00后"的优秀战"疫"代表，北京航空航天大学2018级本科生余汉明第一时间报名武汉市"志愿服务关爱行动"，成为中山社区玉带汇景苑社区的志愿者，负责买菜跑腿、上门送药等"业务"，为100多户家庭提供"代购"服务。社区防疫志愿经历展现了大学生的青春力量，激

■ 飞行学院 2018 级本科生余汉明参与社区志愿服务

励他在家乡志愿一线向学校递交了入党申请书，成为疫情期间北航第一名"火线入党"的志愿者。他的先进事迹被央视《新闻联播》《战疫情》《朝闻天下》《新闻直播间》等报道近十次，《人民日报》新媒体、《长江日报》《湖北日报》等媒体相继报道，成为北京地区唯一一位"中国大学生自强之星"，也是2020年度最美大学生。

作为学校疫情应急科研团队一员的付莹莹，积极成立疫情应急科研团队，开展基于大数据的疫情预测与分析工作，保障疫情防控系统在2020年1月29日正式上线并得到社会各界的广泛认可。每天提供的疫情预测分析结果将报送国家有关部委，各项专题报告深入分析疫情对经济活动的影响，推动国内复工复产实施进展，防范境外疫情输入风险，为疫情研判分析和政策决策提

■ 付莹莹接受央视《新闻联播》采访

供了坚实支撑和有力依据。付莹莹作为北航战"疫"科研团队代表，3月27日视频参会教育系统首场学习贯彻习近平总书记给北京大学援鄂医疗队"90后"党员重要回信精神联学会并发言，事迹受到央视《新闻联播》报道。

■ 高睿阳成为"一号话务员"，联络捐赠物资的运送分配

北航红十字会学生分会会长高睿阳联络、组织、召集北京36所高校红会为湖北灾区募捐，累计收到捐赠资金15万余元，并且担任爱心热线接话员总计接听湖北红会捐助热线400余个。同时他还投身社区第一线，担任疫情防控志愿者。他被评为湖北襄阳向上向善好青年，

事迹被《新京报》《前线》杂志等媒体网站报道，代表大学生志愿者参加由北京市教工委主办的青春记"疫"启事大学生云晚会。

北航在疫情防控志愿服务中涌现出的一批先进典型和优秀代表，通过讲述突出事迹、传播奉献精神不断感染着更多新时代青年以行动书写青春篇章，让青春在党和人民最需要的地方绽放绚丽之花。

3. 表彰激励，发扬先进

为树立大学生志愿服务疫情防控工作优秀典型，发挥先进个人示范引领作用。学校积极出台《参与疫情防控系列工作志愿时长记入的细则》，对参与网络传播、社区服务和远程帮扶等志愿活动的计时要求提出规范性指导意见，并将学生参与疫情防控志愿服务表现纳入校级志愿服务评奖评优体系，设立文馨基金疫情防控专项奖学金，面向在疫情防控阻击战中主动学以致用，将专业知识与疫情防控相结合，积极参与志愿服务或社会实践，并取得良好社会效应的同学及团体，鼓励和引导广大青年积极投身防疫工作。

■ "青春抗疫，与国同航"宣讲团

为弘扬乐于助人、热心公益的精神，展现青年使命和责任担当，北京航空航天大学成立"青春抗疫，与国同航"宣讲团，由师生自愿报名、学校组织专家评审，选拔出志愿参与各类疫情防控工作的80余名辅导员、学生，并邀请学校思政课优秀教师多次在线指导。宣讲团成员通过讲述自己在投身疫情防控中的经历与收获，分享成长与感悟，用朋辈激励的方式共同上好疫情防控这场爱国主义大课。宣讲团将鲜活生动的一线战"疫"故事与学校"学习日"结合，采用"本科大一、大二年级全覆盖与本研高年级点单式预约"结合方式，面向全校学生逐步实现宣讲推广。

北航学生在志愿参与疫情防控过程中，极大提升了社会责任意识、集体意识、诚信意识、规则意识、纪律意识、安全意识、自律意识、劳动意识，彰显了北航志愿者的责任与担当，鼓舞着更多新时代青年不断书写由磨砺而出彩的青春，追求因奋斗而升华的人生。

中国飞天梦·科普万里行：

赓续航空火种，心系志愿事业

一、团队介绍

"中国飞天梦·科普万里行"志愿科普团队的成员均来自北航飞院志愿者协会，他们由飞行学院分团委志愿部组织遴选出的一批品学兼优的飞行学员组成，每一位成员都是争做"思想好、作风硬、纪律强、技术精"的优秀飞行学员，专业知识丰富，乐于奉献社会。本项目参与学生超50人次，服务时长超800小时。

志愿科普团队发挥飞行技术专业特长，携手中国飞天梦志愿团一同启航，深入小学与中学，立志为航空科普事业做出重要贡献，用青春的激情让志愿服务蔚然成风。

■ 团队成员合影

二、项目开展背景

■ 飞行学院学生成员

一代人有一代人的长征，一代人有一代人的担当。2021年是中国共产党成立100周年，是"十四五"规划的开局之年，更是我国航空事业发展的重要之年。在具有如此重要历史意义的时代背景之下，飞行学院的学子积极参与"中国飞天梦·科普万里行"志愿科普活动，以新时代青年的似火热情热烈庆祝中国共产党成立100周年，用航空人的责任担当将蓝天的种子撒向更广袤的田野。心守一抹暖阳、静待一树花开，敢为人先、敢于突破，志愿者们以专业本领奉献国家，以志愿赤心服务社会，在心怀飞天情怀下挥洒汗水、在肩负时代重任时行胜于言。

三、项目焦点

本次活动聚焦于"科普"与"引领"，在航空强国的时代背景下增强青少年对于航空事业发展的认知，拓宽了学生的视野，强化了青少年对国防实力的自豪感；同时以科普为载体对青少年进行思想上的引领，培养科技创新能力，为中华民族伟大复兴的中国梦打下坚实的航空人才基础。

■ 项目筹备阶段

1. 项目内容

自活动开展以来，志愿团队先后总计进行了20余次模拟讲演，宣讲稿数十篇，力求细致到科普中的每个细节，竭力保证科普的严谨性和活动的趣味性。

（1）理论联系实际，亲身体验经历

我们本着以听众为本的

理念开展活动。以折纸飞机大赛为主体，帮助同学们理解空气动力学知识；以游戏为载体，联系模拟飞行实验室，借助模拟器和显示屏来让同学们体验操纵飞机的乐趣。并且还设计了平衡测试、旋转测试等多项招飞体检中的测试项目，让同学们亲身感受招飞不易，激励孩子们努力提升自我，为自己的梦想努力奋斗。

（2）回顾航空发展，感悟航空精神

志愿科普团队开展了"飞天梦"主题演讲，让同学们进一步了解祖国航空事业的发展。通过聆听志愿者们讲述中国航空工业发展的历程，同学们对知难而进的航空奋斗精神有了更加深刻的认识。在活动中志愿科普团成员们与同学们一同观看学习了国防教育动员课：《1:32 空战视频》，学习抗日战争时期英勇的中国空军与日军战斗的历史。

（3）空天尚有知，梦自少年始

志愿者们认为，身体是实践航空事业的基础，知识是航空报国的灵魂。实现航空梦想应在平时培养同学们对于航空方面的兴趣爱好。因此在每场宣讲结束后还会举办公益赠书活动。在34场宣讲中，共无偿捐赠图书3000余册，涉及航空工业、人文小说等几大类。并在每本赠书上写下"以梦为马、不负韶华，期待我们在蓝天相遇""鸟鱼先飞先振翅、人求上进先读书，愿你们在书籍中获得人生价值"等寄语。希望书籍伴随着他们成长，成为他们迈向航空事业的领路人。

令志愿团队印象深刻的是，在南京站宣讲结束之后，一个孩子跑过来问志愿者："哥哥你看过《中国机长》吗？我也想成为那样的人。"看到孩子们对航空事业的理解和认识，对航空报国的憧憬和希望，对崇尚科学的尊重和深化，志愿者由衷地感到欣慰。或许在未来的某一天，他们会飞向蓝天，成为未来航空事业的栋梁之材。

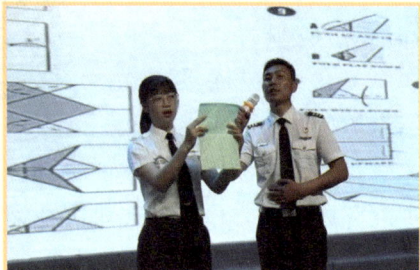

■ 学生认真听讲　　　　　　　　■ 志愿团队开展科普活动

2. 项目成效

本次活动总行程超过1.25万千米，面向几十万中小学学生，沿着中国共产党百年光辉足迹，先后途经浙江嘉兴、江西南昌、贵州遵义等42个在党的历史上具有重要影响的城市。这是一次播种科学、播种希望、播种未来的新时代"长征"。

在建党百年之际，在全国上下深入开展党史学习教育的浓厚氛围中，本次的"中国飞天梦·科普万里行"实践活动也点燃了青少年的党史学习热情。我们更希望能将我们的热情传递给他们，吸引更多的青少年投身祖国的航空事业。

在活动中，孩子从现在便开始学习科学知识，弘扬航空精神，了解我国航空成就，树立民族自豪感，在孩子们的心中埋下一颗航空之种，在未来努力实现航空报国之志。

"中国飞天梦·科普万里行"志愿科普项目受到了《中国科学报》、北京电视台、中国教育电视台、各地方电视台、北航新闻等多方媒体的追踪关注报道，我们从多个渠道向社会传递我们纯洁真挚的空天梦想，在社会上引起各界强烈的反响和认同。

■ 各媒体平台关注报道

本次项目也获得了许多奖项，如"北京航空航天大学2021年度优秀志愿服务项目""北京航空航天大学2021暑期社会实践优秀团队二等奖"，入围"2021年第七届寻找全国大学生百强暑期实践团队活动"等，受到了社会各界的高度认可。

3. 成员收获

"中国飞天梦·科普万里行"活动不仅使中小学生有所收获，还使志愿科普团成员有所成长。一是增强了科普团成员的航空报国情怀，使他们更加意识到作为新时代新青年，要立足岗位为航空工业的发展、为每一次的起落平安贡献自己的力量；二是增强了科普团成员作为飞行学员的自豪感，作为飞院学子，加入宣传航空文化的浪潮中，在学院领导的支持下开展各项工作，感受到了飞行学院的责任感和身为飞院学子的满足感；三是实现了科普团队的人生观和价值观的升华，作为志愿者的成员们感受到传递热情和帮助他人的快乐，不断提升自我；四是提升科普团成员综合素质能力，从服务社会角度升华了奉献祖国意识，通过志愿活动开展，提升了志愿服务意识，拓宽了认知广度。"被需要是一种幸福"，孩子们一张张纯朴的笑脸和渴求新知的眼神，温暖了我们的内心，也让我们意识到了这次公益活动的重要性。

4. 未来展望

"功成不必在我，功成一定有我"，我们怀着这样的志愿服务精神，用实际行动来传承航空报国精神。我们所做的都是为了一个更加

美好的祖国航空事业。少年强，则国强。今日之责任，不在他人，而全在我少年。在建党百年的宏大背景下，我们走在建党百年的红色足迹上，把一份使命与担当永藏于心，投身航空科普事业，诠释新时代新青年的那一份责任和担当。

志愿者们将志愿服务当作自我的生活资料和生活方式，时时刻刻去帮助需要帮助的人，做奉献爱心的事，这才是成为一名志愿者的真谛。我们应当更加努力地去服务社会，为更多的人送去温暖，让更多的人看到期望。

在未来我们将继往开来，将志愿科普的热情传承下去，根据新时期对青年志愿者活动提出的新要求以及航空强国事业的新发展，不断探索和创新志愿科普的新形式。并进一步健全志愿科普团队，拓宽科普范围，完善科普内容，打造北航飞行学院"中国飞天梦·科普万里行"特色品牌志愿实践项目。有一分光，发一分热，飞行学院志愿者协会将赓续航空火种，心系志愿事业，为实现航空强国之梦继续添砖加瓦！

传承之焰支教活动：
薪火相传，爱暖千里

　　北航传承之焰支教团是一支成立于2015年、由北航材料科学与工程学院学生自发组织、以志愿公益为初衷的支教调研团队。自2015年成立以来，团队便致力于改善短期支教的弊端，开展了"我想大声告诉你"系列主题冬令营与夏令营活动，用星星之火点亮孩子心灵的火种，为他们带去温暖与希望。七年来，传承之焰的队伍不断发展壮大，支教范围也由最早的河底小学逐步发展，逐渐覆盖到甘肃省会宁县的梁峁沟壑、山西省中阳县的大山河谷、新疆伊犁的绿洲沙漠还有青海的雪域高原。如今，团队的暑期支教规模已经扩大到三省四所学校的五百余名学生。也不断有越来越多的北航学子，加入传承之焰的队伍，怀揣支教初心，接续传递志愿之火。在不断地发展中，团队从未停止探索、创新的脚步，在一次又一次的线上或是线下支教活动中，我们也逐步形成并完善了支教、调研宣传一体的支教活动体系。

■ 传承之焰活动时间轴

　　2021年，传承之焰在充分结合往届优秀活动经验的基础上，继往开来、推陈出新，瞄准"十四五"规划和建成教育强国的目标，以乡村教育为切入点，以"支教、调研、宣传"为三大抓手，全面完善支

■ 传承之焰 2021 活动示意图

教活动体系，开展了一系列的活动；支教活动上实现支教方式多元化；支教规模扩大化以及支教对象多元化；调研活动上立足建党百年，继往开来、谱写支教新篇章；宣传媒体上实现传统平台和全新媒体有机结合，进一步扩大队伍影响。

一分耕耘、一分收获，经过一年的不懈努力，传承之焰的实践活动取得了诸多成果。

一、支教活动，异彩纷呈

2021年，传承之焰进一步推陈出新，面向山西省中阳县北街小学、青海玉树自治州拉布中心寄校等诸多学校开展了两次假期支教活动。团队为保障支教活动的质量，在正式支教活动开始前，组织包括但不限于线上多次试课、老队员经验分享、思政指导等一系列内容。总时长超过150小时，建立全面而实用的支教体系。这样的培训保证了支教活动的顺利开展与实施；同时，团队在2021年的志愿活动中还做到了支教模式上的全新突破。

■ 云端科普营课程表

"云端科普营"是团队的第一次线上直播课活动，

充分发挥学校的航空航天特色，为河底小学的孩子们带去了为期5天的10节航空航天科普课，带领他们感受空天奥秘。同时，团队还为孩子们准备了无人机模型并带领他们完成了拼插，让孩子们亲手制作的飞机真正飞上蓝天，将理论与实践紧密结合，帮助他们在动手中感受空天乐趣。

受疫情影响，寒假，团队未能延续以往的活动模式——将孩子们带到北京，感受大山以外的别样风采。为弥补这一缺憾，支教队特别设计了"云端vlog"系列活动，要求每位队员返回家乡、拍摄自己家乡的介绍视频并发送给河底小学的孩子们，把不能与孩子们线下相见的劣势转为线上时间灵活、机动性强的优势，共发出了23个视频、累计时长逾350分钟。通过这种方式带领孩子们一起，共览更广阔、更美丽的山海。

而在2021年暑假，团队总结以往经验并进行整合创新，开启了"线上+线下"支教的全新模式；课程体系上，团队在往年"八位一体"的基础之上增设了党史与冬奥会两大特色课程，紧密结合时事；形式上，团队分别在北街小学开展了为期5天的线下课程、在河底小学开展了为期5天的线上直播课程，同时还为新疆和青海的孩子们带去了11节丰富的线上录播课程，形式多样、种类齐备，总课时量达到60余节，覆盖到了三地的500余名学生。我们相信，上传至视频网站的课程视频在未来将会惠及更多的孩子们。同时，为了更好地将线上活动与线下活动结合起来，取长补短，团队还进一步利用公邮、网盘等搭建起了团队的资源共享平台，最大限度地发挥了线下活动互动性强的优点与线上支教规模大、限制小的优点，促进了支教活动的进一步发展。

同时，为了使支教

■ 北街小学团队合照

活动的体系进一步完善，团队与实践地河底村党支部开展了一系列支部共建活动，制作了党史主题微课并进行交流，共同感受中国共产党的百年峥嵘岁月。团队还在实践地点开展了多次红色知识宣讲，从多角度普及我党的知识。通过以上两个活动，实现了团队"支教对象多元化"的一次尝试。

同时，团队在日常也注意对支教地点孩子们的关心，我们的抖音等短视频账号时常更新科普短视频，以此来开拓孩子们的视野，并且团队成员还通过微信，为支教地点的孩子们进行答疑和辅导。

二、深入调研，扎根实地

百年征程波澜壮阔、百年初心历久弥坚。伴随着脱贫攻坚战全面胜利、社会主义现代化国家建设全面展开，人们对生活、对教育、对我们的支教活动也有了新的期待。立足于当前的关键历史节点，传承之焰在2021年开展了一系列调研活动，总结脱贫攻坚成果、展望乡村振兴历程，做好支教路上的"继往开来"。寒假，团队深入走访学校校长、师生及政府县长，了解了他们眼中的新生活，发现他们对于脱贫攻坚历程中家乡的变化表示高度赞美和认同，对我们的支教活动也作出极高评价。暑期，传承之焰接续寒假调研成果，进行了对北航校友企业、当地孵化器走访调研，就企业人才培养与需求展开对话，深入了解当地；进行了对中阳县小学家长和老师的采访，倾听他们心中对实践活动的建议；认真研读政策，把握国家发展大势；同时，团队还对于队内成员进行了采访和调查，了解大家对于支教事业、乡村振兴等问题的看法，借此来完善团队的支教理念。由此，团队从多个方面总结了支教活动的改进方向，为接下来的支教活动提供了参考。团队还将自己的调研成果整理成为调研报告，累计5万余字，共收集视频、音频材料长达400余分钟，为传承之焰进一步了解支教地现状、打造更加适配的支教活动提供了坚实的后盾，使得未来支教志愿项目的开展更加具有体系。

三、扩大宣传，广受关注

为了让活动取得更好的效果，也为了让公益精神在全社会获得更好地弘扬，团队还扎实推进宣传工作，充分记录支教途中的点点滴滴，利用好团队已有的微信公众号、B站、抖音和微博四大平台，让更多人了解我们的活动，收获了诸多成果；2021年，团队微信公众号全年总点击量累计3万余次，转发5000余次；微博总点击量超过2万次，阅读量最高者超过3000次；抖音总浏览量超过3500次，获赞300余次；B站总播放量破万次。四大平台携手发力，共同描绘出了支教活动的一点一滴，让更多人了解了我们的活动，也让支教的公益奉献精神得到更好的传播与发展。

■ 人民网报道

各大媒体也对我们的活动表示充分关注、高度肯定：人民网对我们的活动表示了充分的肯定与支持，专题专版对我们的活动进行了报道并予以高度评价；还有《山西市场导报》、大学生知行计划、航行者等诸多省、市、校级媒体对我们的活动都进行了长篇幅、持续性报道。各大媒体对我们的活动表示高度关注，进一步扩大了我们的社会影响力，让我们的活动能够为更多人所知、也惠及更多的人。

四、形式革新，初心不变

为了获得更好的宣传效果，团队还进一步创新了宣传形式，以更加有趣、生动的方式将我们的活动展示给更多的人。

以负责文案和团建以及各项新活动的策划的外联部为例，这次暑假期间，外联部和宣传部紧密联系，默契配合，共同产出了大量优质推送，其中还包括一个全新的娱乐类栏目"星火FM"，以更加有趣新颖的方式记录了我们和孩子们之间的点滴，也让我们的活动更加引人注目；除此之外，外联部还和宣传部一起策划并实施了一款综艺节目的录制。在后续的线上支教中，除发挥文案职能外，外联部还负责了游戏环节的设计和主持，并且组织了有趣的团内团建，助力我们成为一个有凝聚力的线上支教团队，从而更好地和孩子们打成一片。

2021年，为了能够进一步铭记与孩子们相处的温暖瞬间，更好地作为联系队员们和孩子们、往届队员们之间的情感纽带，我们将传承之焰在前几年与孩子们相处的点点滴滴进行了总结，从中获得灵感并制成文创，记录下我们与孩子们的美好回忆；同时对文创进行推广，让更多人了解我们的故事。寒假，第一批文创设计全部完成并投产，发放给了孩子们、队员们以及更多对我们感兴趣的人，吸引了诸多关注，取得了巨大成功。而在暑假，我们进一步基于"实用而不失艺术"的原则，设计了第二批文创，将其中一些书包等日常用品送给当地的孩子们，希望能够让传承之焰的关怀时刻陪伴着他们，真正地帮助到他们的学习和生活。

在志愿项目推进过程中，传承之焰支教队的原创ip"苗苗"于2021年暑假诞生了，其寓意大体有三：第一，她的名字苗苗象征着火苗，就是传承的星星火焰，

■ 传承之焰 ip——苗苗

做好新时代北航青年志愿服务先锋队

奉献同行

也同时象征着茁壮成长的幼苗，就好像孩子们。第二，她的头顶犹如苹果柄的部分，也可以看成是蜡烛的芯，她就好像是等待火焰的一根小小蜡烛。第三，她的样子像个苹果，寄托了我们对孩子们的美好愿景，希望他们能够开花结果，成为自己想要成为的样子。在ip的设计过程之中，队内成员进一步探索和发掘走进小朋友内心世界的方法，做到了以大学生身份、小朋友视角去看待团队。这一ip无论是在扩大传承之焰影响力这一方面，还是在成员更快更好地拉近与小朋友的关系方面，都起到了不可忽视的作用。

五、历经七年，播种希望

在一代代传承之焰人的接力相传下，传承之焰通过自己的努力，证明了其支教模式为孩子带来了各方面的提升、能够有效助力当地教育发展。

通过我们的支教活动，孩子们从当年更多对于未来的想法并不清晰，变得坚定地想要接受进一步的教育。对于职业方面，孩子们各有各的想法，但无一例外，孩子们都希望能够走到外面的世界去，走一走、看一看，来实现自己的远大理想。孩子们在我们的活动中进行了学习、收获了成长，对未来也有了更多的期待。我们更是欣慰地看到，支教过的孩子在自己的努力和我们的陪伴下，考上了理想的大学、获得了更加光明的未来。

传承之焰在它的第七年中，仍然努力燃烧着自己温暖更多孩子们。这些精心设计制作的课程，让小朋友们在沐浴着山西、青海和新疆的皎洁月光时，依然可以发现：尽管相隔山海，仍有许多人关心着他们，希望他们在也许并不富足的生活中能获得更多精神的财富。正如队歌《不再遥远》中唱的那样："即使我不在你身边，心中仍然挂念，那小小少年。"支教的日子并不长久，但是我们希望并坚信着，这些灿烂的日子带给他们的感动和收获将会陪伴他们很久很久。"传承之焰"，火焰会一直燃烧下去，为更多的偏远地区带去爱与希望。

网络空间安全宣讲团：
网络安全为人民，网络安全靠人民

一、团队介绍

网络空间安全宣讲团于2020年9月1日立项，由网络空间安全学院分团委志愿实践部组织遴选优秀的网络空间安全专业学生加入宣讲团，由学院分团委书记作为指导教师。目前宣讲团有成员19人，总参与者达到35人，均为网络空间安全学院本科生及研究生，具备一定专业基础。

宣讲团学习贯彻习近平总书记网络强国的重要思想，传承北航"空天报国"精神，发挥网络空间安全专业特长，自觉扛起网络安全宣传大旗，做担当时代重任的北航人。宣讲团深入高校、中学、小

■ 宣讲团队成员

学、社区、机关开展网络安全教育，致力于普及网络安全知识，提高公民的网络安全意识和防范水平，营造"网络安全为人民、网络安全靠人民"的良好氛围。

目前，宣讲团服务时长已达396小时，开展专业宣讲18场，覆盖人数超过4000人，覆盖城市10座。

二、项目开展背景

随着计算机技术的迅猛发展，网络早已渗透进入人类生产生活的方方面面，网络空间欣欣向荣。同时在信息战的理论背景下，网络空间已是与陆地、海洋、空天同等重要的作战空间，网络空间作为国家安全的第五战场，随时可能会面临来自攻击者的威胁，各种网络恐怖势力也可能制造犯罪活动，从而威胁国家安全。近年来，网络空间安全事件频发，引起了国内外的广泛关注，网络空间安全已然成为一个重要议题。

项目成立之初，宣讲团进行了初步的调研，收集了256份调研问卷，覆盖不同年龄段、不同学历人群。调研结果显示：调研对象中50%的人对常见的安全漏洞没有防护行为，近52%的人不了解常见的网络安全法规，但是77.7%的人又对个人数据安全方面的问题尤为关切。

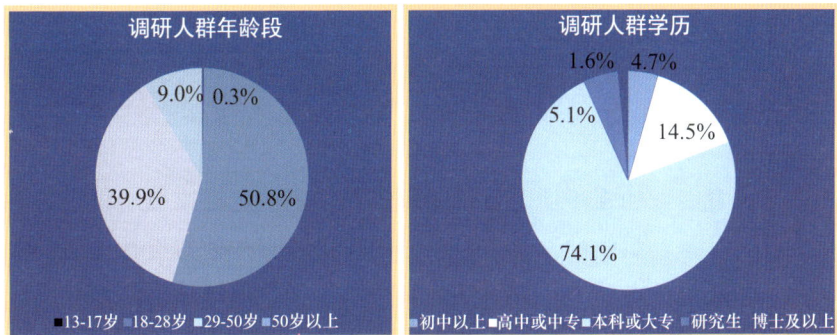

■ 调研结果情况

除此之外，相关专业机构统计，我国网络安全人才培养在三万人

左右，但人才缺口却在150万之多。所以，提高公众网络空间安全意识、增强国家网络空间安全教育水平、宣传基本网络空间安全知识，已是迫在眉睫。尽管万事开头难，但这正是宣讲团存在的意义和奋斗的初衷。

三、项目目标

第一，打造一支素质过硬、又红又专、专业一流的网络空间安全宣讲队伍。培育30名优秀的宣讲团志愿者，开展线上线下宣讲活动，录制网络空间安全科普系列微视频，通过新媒体平台传播，计划开展网络空间安全宣讲100场，服务辐射10万人。

第二，"没有网络安全就没有国家安全"，筑牢网络安全底线。贯彻落实习近平总书记对国家网络安全宣传周做出的重要指示精神，有针对性地宣传普及网络安全知识。计划组织开展网络安全进社区、进农村、进企业、进机关、进校园、进大厅、进商场、进集市、进营地、进工地等"十进"活动。

第三，紧密围绕国家需求，强化实践育人。网络空间已经成为继陆、海、空、天之后的第五大主权领域空间，捍卫网络空间的国家主权已成为国家重要战略，打赢网络空间斗争之仗关键是人才。因此，通过志愿服务活动，强化实践育人，全方位培养德、智、体、美、劳全面发展的网络空间安全人才。

四、项目内容

选优育能，加强培训。宣讲团每年在学院内选拔成员，积极号召学生报名参与，组织面试对报名学生的宣讲、宣传能力进行评估，保证宣讲团成员的专业性。宣讲团内部严格执行定期培训制度，开展网络空间安全知识培训，确保参与宣讲的成员具备较高网络空间安全知识水平，提高宣讲团成员自身宣讲能力，全面提高宣讲团成员业务水平、政治素质、工作使命感和社会责任感。

■ 宣讲团知识培训

　　突出主题策划，用心打磨文案。除每年寒暑假实践活动外，宣讲团还会结合全民国家安全教育日、国家网络安全宣传周和重大网络空间安全事件，策划有创意、有特色、有时效的主题宣传活动。同时以听众为本，针对不同的听众群体，有针对性地创新宣讲方式和内容。例如，面向中老年群体宣讲时，侧重联系生活实际，讲解电信网络诈骗等中老年群体关注的问题；面向学生宣讲时，尝试加大专业知识的比重，注重专业知识与实践相结合，培养年轻学生对网络空间安全学科领域的兴趣。

■ 线上线下主题宣传活动

丰富宣传方式，扩大宣讲影响。宣讲团依托公众号、B站平台等多种方式进行网络科普宣传，制作活动推送和科普微视频，将宣讲视频经过严格审核后上传网络平台，进一步扩大影响力，争取覆盖更多听众。除线上线下宣讲外，宣讲团也积极组织外场活动，分发宣传册，进行现场问答讲解。

■ 外场宣传活动

收集反馈效果，及时总结提升。每场宣讲结束之后，宣讲团都会积极收集听众反馈，对宣讲不足之处进行改正，力求不断进步。宣讲团内部也会定期开展阶段总结会议，集思广益，共同思考问题解决方法，制订未来活动计划。

五、项目创新性

网络空间安全专业性。没有网络安全就没有国家安全，在新时代背景下，网络空间安全专业学生组建宣讲团对专业人才培养、深入开展网络安全知识技能宣传普及，对提高广大人民群众网络安全意识和防护技能有广泛的现实意义。

运用新媒体技术手段。为配合疫情防控工作，除线下宣讲外，宣讲团也积极组织线上宣讲，创建B站团队账号，通过直播宣讲这样生动活泼的形式传递给听众重视网络安全、安全用网的良好习惯，为建立和传播网络安全意识和国家安全意识起到了积极的作用。

■ 线上宣讲活动

创新听众视角互动性。"讲好网安故事，普及网安知识"，宣讲团一改往日专业知识讲座枯燥无趣的特点，以生动新颖的视角和内容为大家带来网络安全防范重点知识，收集听众反馈，有针对性地改进宣讲内容，获得了良好的反馈。

网络攻防的案例解析。宣讲团成员参与教育部等部门举办的网络攻防演习，将演习中漏洞挖掘和防护方法以兼具趣味性、专业性、实用性的方式传递给听众，增强受众对网络安全的认识和理解，积极正向引导关注和热爱网络安全事业的人民群众参与到网络空间安全保护和防护中。

六、项目成效

在宣讲方面，宣讲团面向全社会举办网络空间安全宣讲活动，以北京航空航天大学为起点，已深入高校、中学、小学、社区、机关开展网络空间安全宣讲。宣讲团走入秦皇岛职业技术学院、北京景山学校、永春第一中学、山东省菏泽市电力系统、四川省成都市崇州市社区等10座不同城市的地区单位进行宣讲，宣讲场数达到18场，覆盖听众4000余人，收集反馈问卷1000余份，讲座满意率高达94.46%。宣讲团通过B站平台共进行了6场在线宣讲，上传6支视频。

在宣传方面，宣讲团在微博、Cyberpunk2018、航行者、青年北航等平台累计发布新闻39篇，总阅读量为27954，制作2部宣传视频和密

网络空间安全宣讲团	
途径十大城市	北京市东城区
	河北秦皇岛市
	贵州省黔南布依族苗族自治州荔波县
	福建省永春县
	山东省菏泽市
	云南省楚雄彝族自治州楚雄市
	河北张家口市
	甘肃省临夏市
	内蒙古呼和浩特市
	四川省成都市崇州市

■ 宣讲团开展活动城市足迹

码知识科普视频，受到了广泛欢迎。

在奖项方面，宣讲团获得"北京航空航天大学2020年度优秀志愿服务项目""北京航空航天大学2021年度优秀志愿服务项目""北京航空航天大学2021年寒假社会实践优秀实践团队二等奖""北京航空航天大学2021年暑假社会实践优秀实践团队三等奖""北京航空航天大学第三十一届'冯如杯'哲学社科类三等奖""2021年首都志愿项目大赛铜奖"等荣誉。

在研究成果方面，宣讲团指导教师撰写的《高校学生宣讲团的育人功能及实践——以北京航空航天大学网络空间安全宣讲团为例》收录在《北京教育（德育）》杂志。

七、未来展望

经过一年的宣讲实践，宣讲团由最初的3人发展到了现在的19人，团队不断壮大，经验也在不断积累。由于网络空间安全领域在大众眼中还比较陌生，项目成立之初遇到过许多困难，难以吸引受众，也难以扩大宣传。宣讲团从未放弃过，也明白这就是"宣讲"一词的意义

x

奉献同航 ——做好新时代北航青年志愿服务先锋队

038

所在。团队不断招新，也在不断寻找宣讲机会，调整宣讲内容和方式，丰富宣传平台，认真收集听众反馈并总结不足。所幸宣讲团终于慢慢走入大众视野，"网络空间安全"的概念也在不断普及。

一位宣讲队员说："我想，如果每个网安学子都可以为网络空间安全的普及付出自己的一份力量的话，我们可以让频发的网络安全事件多一个来自专业领域的保护盾，这对于我们的生活来说是非常重要的。"

这就是网络空间安全宣讲团成立的初衷，也是未来发展的原动力。关于未来，宣讲团有更多的展望，会努力做好宣传宣讲工作，进行更多场宣讲，制作更多网络空间安全科普视频，争取让宣讲宣传辐射到更多人。宣讲团也希望，会有越来越多的年轻学生加入网络空间安全的宣传队伍中，壮大国家网络安全人才力量，提升全民网络安全意识，共同构建安全健康的网络环境。

掌控流量的密码，传播网络正能量，网络空间安全宣讲团，已经在路上！

"相约北京"系列测试活动：
北航蓝展翅雪飞燕

一、项目背景

2015年7月31日，北京成功携手张家口获得2022年冬季奥运会主办权，北京成为历史上第一个双奥之城。北京航空航天大学作为有着浓厚志愿服务精神底蕴的高校，积极服务国家大型赛事，在2020年9月，成为延庆赛区运行团体牵头高校，负责国家高山滑雪中心的志愿服务工作。2021年新年伊始，北京2022年冬奥会和冬残奥会的筹办工作进入冲刺阶段，向赛时体制转变。为了更好地检验场馆设施的建设程度、测试场馆运行指挥系统、落实属地保障，2021年2月，国家高山滑雪中心举办"相约北京"系列冬季体育赛事延庆赛区测试活动，在锻炼运行团队的同时，完善符合办赛规律的多部门联合工作机制。北航选拔12名志愿者参加测试活动的志愿服务工作，同时着眼正赛志愿服务完成测试准备工作。

二、聚焦问题

12人团队服务于"相约北京"系列测试活动，旨在深度参与国家高山滑雪中心测试活动，帮助国家高山滑雪中心顺利完成检验场馆设施的建设程度、测试场馆运

■ 测试赛志愿者团队

行指挥系统、落实属地保障等一系列既定工作目标；同时，借助此次测试活动的机会，探索志愿者团队与场馆工作人员开展工作的相关机制，总结经验教训，整理一套赛时志愿者培训的内部资料，为更好地培训2022年冬奥会及冬残奥会的志愿者做准备。

三、克服挑战

12人志愿者团队克服疫情、项目、环境等三方面挑战，取得丰硕成果，圆满完成任务。

1．疫情挑战

疫情带给我们的挑战主要在于人手紧缺这一点。北航作为国家高山滑雪中心主责高校，在全校范围内遴选志愿领域优秀人才，参加2021年2月份的"相约北京"系列测试活动。在最初版的志愿者遴选方案中，北航将派出42名志愿者一起前往国家高山滑雪中心参与本次测试活动，但考虑到疫情的影响，经过场馆和学校的多次研判，最终将测试活动志愿者队伍规模压缩至12人。

但根据冬奥组委对测试活动的要求，虽然测试队伍规模缩减，防疫要求不减、运行要求不减，应测尽测、能测尽测。

2．项目挑战

我们服务的高山滑雪项目被誉为"冬奥会皇冠上的明珠"，因为高山滑雪是世界上组织难度最大、复杂程度最大的冬季体育项目之一。与其他冬奥会项目不同，高山滑雪每年仅有2月至3月左右这一段宝贵的测试期，如果测试点有遗漏，或者没达到预期的测试效果，等到4月份小海坨山上的雪道开始融化，泛黄的山坡裸露的时候，将不再有机会进行测试。因此必须做好前期准备，在2月至3月间，对所有测试内容完成测试。

时间紧任务重。国家高山滑雪中心志愿者经理李广玉，也是北航派驻到国家高山滑雪中心的负责老师，2021年春节期间仅休息了3天，

12名北航志愿者还没过完正月初七，就都抵达国家高山滑雪中心投入测试活动的筹备工作中。2022年冬奥会正式比赛时，按照目前的计划，所有国家高山滑雪中心的志愿者都将在服务岗位上度过大年三十和春节。所有通过遴选的志愿者都是没有怨言的，不仅我们个人具有这种奉献的志愿精神，我们的父母、家人也都十分支持我们积极参与到冬奥会相关服务当中来。

■ 国家高山滑雪中心

3. 环境挑战

高海拔、风速大、低气温是测试活动给我们留下的最深刻的印象。国家高山滑雪中心位于海拔2198米的小海坨山，场地垂直落差超800米。时值冬季，室外气温低于零下10℃。山上瞬时风速可达12级，风寒效应更加明显，体感温度甚至低至零下30℃。

同时，山区地形也给我们带来了难题。根据疫情风险等级，场馆设置了红蓝白三种区域与多条流线，由于高山滑雪中心场地狭长，导致多条流线存在不可避免地相互交叠，不了解流线管控的工作人员，常常无意识地走错流线，跨区域流动，因此志愿者需要在关键关口值守，提醒、引导经过人员通过符合规定的流线达到自己要去的场所。

四、团队组织

　　12位志愿者组成四个职能组，分别是考核激励组、宣传推广组、培训组织组和服务保障组，在七个测试领域全力为2022年冬奥的志愿服务工作做准备。

　　为了如期完成测试目标，形成了"白天在各领域完成服务测试，晚上回到各职能组总结归纳"的白加黑工作双模式。白天志愿者们是赛事服务领域的流线引导员，是场馆通信领域的信息播报员，是媒体摄影领域的点位测试员，是礼仪颁奖领域的礼仪小姐，还是新闻宣传领域、志愿者领域、技术支持领域的后勤保障人员；晚上志愿者们则回到考核激励组、宣传推广组、培训组织组和服务保障组，进行工作总结归纳。

■ 服务工作纪实之一

■ 服务工作纪实之二

考核激励组测试制定了岗位签到签退流程，规范了基础考核方案。总结编写了团队建设活动方案以及志愿者早间热身活动方案，为2022年志愿服务期间，在长期闭环管理下积极调节志愿者们的心理精神状态提供了有效办法。

■ 志愿者团队一起加油打气

服务保障组不仅制定归纳了志愿者的物资分发、发热、受伤处置程序，而且也针对日间进行的眼镜防雾、严寒条件下手机使用等问题的测试结果做了相应的分析整理，形成了完整的处理方案报告。相关工作为如何在2022年志愿者顺利进行志愿服务提供保障积累了宝贵的经验。

培训组织组针对赛时志愿者所在的工作岗位，组织各领域总结工作内容，剪辑制作了9条岗位介绍及培训视频，总计24分钟，并编写了

■ 岗位服务工作

奉献同航
——做好新时代北航青年志愿服务先锋队

约一万字的岗位培训文字资料。为日后志愿者们岗位服务培训打下了坚实的基础。

宣传推广组在服务开始之前，便已经开展了涉及推送制作，志愿者之家海报设计等相关工作。在志愿服务的同时，宣传推广组还负责整理每日的会议纪要，并将日间发生的重大的工作事件记录整理，汇总成当日的工作简报。

■ 岗位工作同时加强理论学习

十二人、七领域，九天的坚守，多种多样的测试工作，紧紧围绕着测试活动"查缺补漏"的明确目标，通过合理的分工合作、高效的组织管理，我们做到了测试工作多而不乱、有序推进。

■ 系列志愿日报总结

五、服务成效

艰苦测试期换来的是丰硕的测试成果，虽然测试队伍规模因疫情由原定的42人缩减为现在的12人，但通过我们的努力，实现了疫情下冬奥组委对测试活动的要求——应测尽测、能测尽测，最大限度完成测试任务。

在本次测试活动中，12名志愿者总志愿服务时长达1560小时，其中山上服务时长达到672小时。在多流线的工作模式下，共参与七场通用培训、五场场馆培训、七场岗位培训与九场专项培训。

北航志愿者们形成2份工作方案，1份3万字测试成果汇编。

四大职能组共收集素材34.6GB，制作7份岗位培训视频，8分钟总结视频；形成9份工作简报、6项工作流程、5份应急预案、7项工作纪要；完成4类8项基础数据测试，破解眼镜起雾、户外手机保暖等4项问题，提出解决方案；同时，北航志愿者们还发现8项服务保障类、6项基础设施类问题，并提出了合理化建议。

测试活动实战检验了志愿者内部的协调能力，基本达到了预期测试效果，积累了大量经验，对接14位业务领域经理，获得场馆经理们的一致好评，得到了场馆主任张素枝同志的认可，为冬奥会和冬残奥会的志愿服务打下坚实基础，提供经验借鉴。

北航蓝展翅雪飞燕，志愿红闪亮冰雪白，测试活动不仅成果丰硕，还引起了社会各界的广泛关注。云上春晚《留在北京过大年》现场连线储备志愿者关天洋；CCTV5、《朝闻天下》对志愿者的工作持续跟踪报道。2月27日《新闻联播》报道北京冬奥会筹办工作，团队成员王瀚洲作为赛会服务保障志愿者亮相《新闻联播》。北航志愿者的风采写在小海坨的高山故事里，也记录在重点媒体的镜头下与人民群众的心中。

学校也对本次"相约北京"系列冬季体育赛事延庆赛区测试活动

■ 媒体系列报道

所取得经验成果高度重视与认可。在返回北航后，通过组织座谈会、开展暑期实践、邀请志愿者做经验分享等方式，将测试活动经验进一步固化为成果，并将成果在学校志愿者群体内进行推广。

本次参与测试活动的12名志愿者，有11人留在冬奥会正式岗位上，在北京2022年冬奥会和冬残奥会赛场上继续发光发热。

■ 测试团队志愿者合影

笔墨守望&柠檬汽水：
走进孩子们的内心

　　笔墨守望&柠檬汽水项目是北航彩虹明天公益社组织专注于乡村学生帮扶的志愿项目。项目主体分为两大块，"笔墨守望"部分着重于在学期中与山区学生通过书信交流，用最传统的笔墨信笺走进孩子们的内心，也让孩子们通过和志愿者的结对，打开视野，了解更广阔的世界，接触到更多的可能，同时帮助老师关注学生心理，使教育振兴真正落入实处。"柠檬汽水"部分是在假期选取优秀书信志愿者参与到暑期实践队，前往书信交流的山区学校开展支教活动。

■ 团队与山区学生

笔墨传递情谊，守望心笺梦想

　　一封信，看似很渺小，看似短暂，却是打开乡村孩子们外面世界的一扇窗户。于是，团队萌生想法：让志愿者和留守儿童进行一对一书信交流，在书信过程中陪伴孩子们成长，满足孩子们心理倾诉的需求，让他们更好地认识自我，学会在生活上分享美好事物，学会热爱生活。在山区，有许多孩子整日待在家中，面对着天空发呆，面对着白墙说话，他们心里有许多话无人诉说，有许多快乐无人分享，有许多关于未来的疑问无人回答。我们真诚地希望，大学生志愿者能够通过手写信件的方式解答小学生疑问，为孩子们搭建长期的朋辈心灵交流平台，让孩子们在书写中梳理内心，锻炼孩子的文字表达的能力。

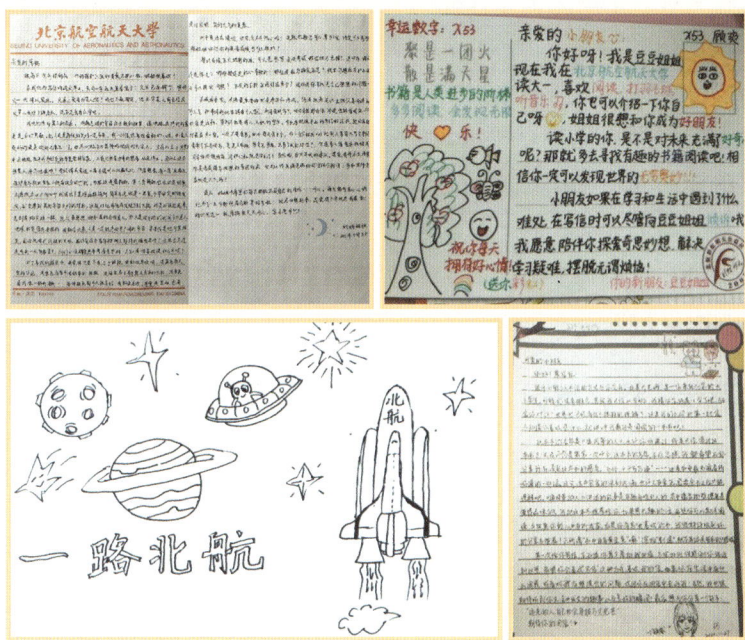

■ 与孩子们的书信交流

同一片蓝天下，我们共同成长

项目团队希望让志愿者们在书信陪伴孩子的路上，同时也能更好地提升自己。团队邀请到专业老师以情感表达和书写疗愈作为基础心理学理论，融入对留守儿童心理、书写疗愈作用、青春期孩子心理及干预机制等经验，对志愿者开展一系列的书信培训，帮助志愿者写好每封信，及持续助力完成和孩子的整个通信周期。

截至2021年春季，书信交流活动覆盖山西、河南、山东、贵州四个省份，14所乡村小学，1900名乡村孩童。来自超过30个学院的近1600名同学报名参加，寄出4000余封信件。项目运行以来，受到志愿者和孩子们的一致好评，信纸上最真挚的话语与信封中夹杂着的小小礼物就是最好的证明。"笔墨守望&柠檬汽水"也荣获"2021年北航校级优秀志愿项目"奖项。

同时为继续加强与山区学生的联系，项目选取优秀书信交流志愿者组建北京航空航天大学柠檬汽水实践队，在2021年于7月9日至7月26日前往贵州省沿河土家族自治县晓景乡高寨村三合完小开展了为期18天的支教活动。实践队采用"支教+调研"的形式，在课程设置上充分发挥成员多学科优势，传承北航空天报国精神，传播科学思想、弘扬科学精神。在活动中组织特色课程，邀请其他参与过书信交流活动的同学与孩子们视频交流，加强孩子与北航学生的联系。同时实践队走进每家每户，调研乡村现状，聚焦农村发展的痛点问题，凝聚青年智慧，赋能乡村振兴。

百年大计，教育为本

发展农村教育事业，是推进乡村振兴战略的重要支点。实践队结合书信活动了解到的实际情况，将教学重点立足为"素质兴趣培养，开拓全面视野"，并结合北航的特色专业，充分发挥队员的专业优势，设计了爱国教育、科创启发、幸福课程、科普及文化素养、运动健康教育等五大类课程。同时，按年级划分为3个班级，分别安排针对性课程，丰富孩子们的知识，拓宽他们的视野。实践队共计开展11天170余节课程。

培植文化根基，用爱科创未来

秉持着兴趣是孩子最好的老师的理念，实践队结合北京航空航天大学深厚的科研背景及强势的空天特色，为三合完小的不同年龄阶段的学生分别量身定制了兼顾专业硬核与通俗易懂的一系列科创课程：

"飞机是怎么上天的""小小飞行器制作与放飞指南""是你！向我眨眼的那颗小星星""试管里的小宇宙""流体力学初初初级概论""初探电磁世界""编程启蒙思想"。这些课程立足于实际生活，着眼于未来方向，以生活作为起源，以现象引发兴趣，以实验调动思考，以问题发散思维，以现实升华情怀。同时，为了塑造学生理论结合实际的思维模式，培养学生爱国主义情怀，实践队采用了用理论推导设计实验操作，用实践操作印证理论推导的课程设计方式，力求让学生在快乐中收获知识，将个人价值与国家发展相联系，将自身信念与国家未来相统一，树立科学兴国、科技强国的远大理想与目标。

传承红色基因，弘扬北航精神

空天报国，是北航听党话、跟党走的办学传统中始终传承的红色基因；是北航为党育人、为国育才的初心坚守中始终不变的使命担当；是北航爱国奉献、敢为人先的精神传承中始终践行的价值追求。实践队将空天报国的北航特色融合到沿河县地域特色中，传承北航"红色基因"，设置了内容丰富且独具特色的航空航天课程和爱国主题课程。实践队带着孩子们升国旗、唱国歌。不仅如此，科创课程让每一个孩子都能亲手制作一架属于自己的飞机，在活动中感受北航人代代相传的红色基因。

■ 孩子们放飞飞机

■ 开展特色实验课

抒写运动乐意，鸣奏激情乐章

为丰富孩子们的学习生活，提升孩子们对体育运动的兴趣，以有趣有效有益的方式给孩子们的夏天增添一抹别样的色彩，实践队举办了一场别开生面的趣味

■ 趣味运动会

运动会。运动会项目不仅包括传统的短跑、接力等竞技项目；同时也加入了丢沙包、颠羽毛球、两人三足等趣味项目。孩子们积极踊跃地参与各项比赛，齐心协力，肆意拼搏，在挥洒汗水的过程中收获快乐，超越自我，用他们精彩的表现，书写着青年一代朝气蓬勃的青春风采。

聚焦幸福课程，关注健康成长

为了弥补基础教育实际中存在的不足，结合学生家长大多在外务工，孩子们多为留守儿童的现状，实践队针对性地设计了一系列幸福课程。对于孩子们来说，幸福课程不仅仅是一种新奇的体验，同样也是感知信任、爱与幸福的过程。在孩子们心中种下一颗感知幸福的种子，只要用心培育，便能静待花开。

扎根贵州大地，深入人民群众

习近平总书记在中央全面深化改革领导小组第十一次会议上强调，让每个乡村孩子都能接受公平、有质量的教育，阻止贫困现象代际传递，是功在当代、利在千秋的大事。实践队调研组以乡村教育为工作重点，研究留守儿童初中毕业之后的辍学情况以及影响因素，联

系乡村实际，为教育振兴出谋划策。队员们深入到各村，晨兴即去，带月而归，走遍了高寨村的每家每户，和孩子们以及家长深入交流，了解他们的家庭状况、日常生活、工作习惯，积累了丰富的原始素材；与此同时，调研组多次拜访驻村书记、校长，进行调查采访，收集宝贵的一手资料。最终实践队共收集整理超过7万字的采访材料，完成约4万字的报告总结。重点研究了高寨村在推进全面脱贫与乡村振兴有效衔接方面的经验做法和阶段性成果，结合相关政策分析了高寨村现阶段经济社会呈现的特征及原因，有针对性地指出该村当前两大任务衔接工作中的有待改进之处，为乡村振兴事业贡献青春力量。

"笔墨守望&柠檬汽水"项目，创建了独立运营的公众号，记录项目的活动日常，累计发表原创内容32篇，共计阅读量超两万人次，单篇阅读次数超6000。活动进展发表在学院宣传平台、校新闻网、当地共青团公众号、中国青年网等平台，被国家级、省部级等多家媒体报道。实践队共制作三部微型纪录片，获评共青团"三下乡"优秀原创视频，被多次转载。

"希望通过我们的努力，在孩子们的内心播下一颗种子，让他们接触不曾体会过的精彩世界，知道自己未来的无限可能。同时，我们

■ 团队成员与孩子们一起

也希望，无论是孩子们还是团队的每一位成员，都能在这个过程中更多地认识自我，超越自我，发现更好的自己。"我们希望通过"笔墨守望&柠檬汽水"项目，用一封封书信，搭建起大学生与乡村儿童的沟通交流平台，让更多的人关注到乡村儿童，共同助力为乡村教育发展。通过书信交流与假期实践队相结合，明理增信，更好地做到理论与实践相结合，走进偏远山区和城乡社区，聚焦脱贫攻坚，深入基层一线，宣传普及科技知识，传播科学思想、弘扬科学精神，同时聚焦农业农村的痛点问题，凝聚青年智慧，赋能乡村振兴，以实际行动书写无愧于时代的壮丽篇章。

"幸福小镇"打工子弟小学支教：
你好，幸福！

一、团队介绍

"幸福小镇"打工子弟支教项目由北航彩虹明天公益社与朝阳支教协会联合承办。彩虹明天公益社是一个以社团文化汇聚志愿者的聚集地，大家秉持着"哪里有需要，哪里就有彩虹人"的精神。社团在短期支教、敬老爱老、植树绿化、残障关注等方面有着独特服务模式。通过长期对标定点的项目开展，既缓和了相应的社会问题，又给在校大学生提供了一个广阔的平台去感受身边的一点一滴，幸福小镇支教项目就是其中之一。

志愿者一共53人。历时7周，用一节节生动的"幸福课"给缺少关爱、缺少陪伴的孩子们带去课外知识与欢乐。有记录地参与总时长共1386小时。本项目在2019年被评为北京航空航天大学优秀志愿服务项目。

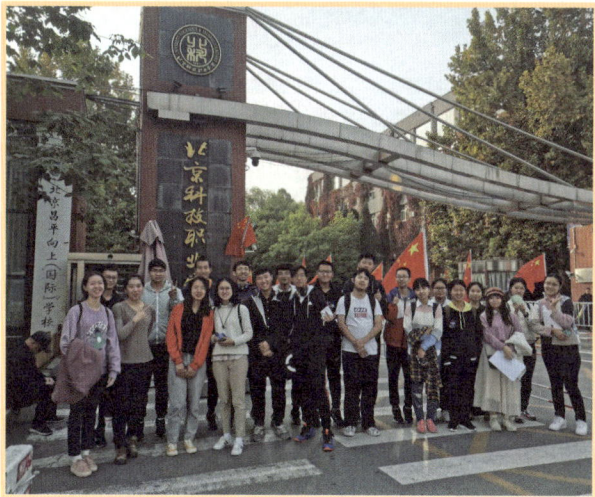

■ 志愿者支教结束后的合影

二、项目背景

长期以来，农民工在北京市的城市建设中做出了巨大的贡献。然而，北京市的打工者和他们的孩子们却处于社会与教育的边缘位置、没有享受教育的权利。打工子弟、留守儿童不仅陷于物质的贫困，更陷于精神的贫困。在打工子弟学校，因学生的流动、师资、硬件给学生造成的心理和精神状态的影响不同于一般公立学校，那里的孩子们缺少的，不仅仅是先进的教育资源，还有关爱和陪伴。

幸福课程属于北京慈弘慈善基金会—悦读成长计划体系，以《健康与幸福》校本课程进阶式教学资源为基础，通过参与式教学，培养儿童社会情感技能，帮助儿童应对社会性发展问题，聚焦核心素养，探讨如何和自我、他人、文化相处，培养学生的人格发展，帮助其形成健康的知识和技能体系，促进其社会情感技能的发展，构建公民素养。

■ 健康与幸福课程体系

三、项目核心

本项目的核心有两个方面，一方面在于由各位志愿者将"幸福课"的主要内容通过孩子们更容易接受的方式教给孩子们，从而让孩子们在收获陪伴的同时掌握一些平时不注意但是较为重要的、从课本中学不到的小知识，帮助孩子们养成一些好的习惯。另一方面在于开拓并且锻炼各位志愿者的心理与思想，通过培训、备课、上课、反思等内容让志愿者深入思考当下孩子们的需求与自身所能，期望各位志愿者能够埋下一颗志愿公益的种子。

四、项目内容

北航彩虹明天公益社在校内招募选拔大学生志愿者，活动期间每周组织备课，每周三下午前往北京市昌平区向上小学开展支教活动。幸福课支教项目每节课由1名主讲志愿者，1～2名助教志愿者共同完成。社团为所负责每个班级招募1～2名主讲志愿者，3～5名助教志愿者，组成对接该班级的小组。组内志愿者自行协商确定人员分工与时间安排，合作进行备课、授课、宣传、总结等工作，完成本学期志愿项目。

志愿者们共同为不同年龄段的孩子们制定了不同的课程方案，让课程有意义而不枯燥，让孩子们得到真正的收获——这种收获，不仅仅是知识上的，还有心灵上的。

小学低年级的健康与幸福课，内容主要围绕着新学期、自我认识、同伴交往、学习习惯、身体健康这5个主题，以学生视角，通过

被称为"猴子老师"的志愿者在上牙齿保护课

孩子们与志愿者们进行互动

不同年龄段的常见问题举例，来让学生识别问题、解决问题。在小学高年级，学生会更全面地接触和锻炼社会情感技能，通过前期的课程铺垫，形成问题识别和解决的意识，在面对更加复杂的情景时，可以有更丰富的生活经验和更成熟的判断方法来解决问题。

1. 严谨备课，责无旁贷

志愿者们经过面试后加入"幸福小镇"这个大家庭中，在参加过相应的培训后正式上岗。

在7周的服务时间内，每周项目会安排相应的志愿者进行带领备课，这些带领备课的志愿者大多是年级较高的学长学姐，他们的支教类志愿服务经历丰富，并且多次参加培训。每周志愿者们聚集于教室等地进行本周教学任务的规划，以期带给孩子们最好的体验。过程中每位志愿者需要编写教案，其中内容包含课堂的引入、本课的目的、课程的推进方式、本课在教学任务上需要达到的目标以及预测会出现的问题和相应的解决方法等。在教案编写结束后，主讲会在大家面前进行试讲，大家在听讲的过程中记录下相应的问题并进行讨论。就是在这样不断地打磨中将每次的课程做到没有漏洞、努力在上课前解决大多数能解决的问题。

■ 志愿者参与专业培训和集体备课

2. 支教实践，欢乐先行

志愿者团队在每周三由项目负责人带领前往北京市昌平区向上

小学进行支教实践。从一年级到六年级一共六个年级13个班，每位志愿者各司其职进行支教实践。在讲课的过程中会遇到很多的问题，例如，孩子们的纪律问题、怎样和不同年龄段的孩子们进行沟通才能让他们更快地接受"小老师"的讲述，等等。在一次次实践中，孩子们在欢声笑语中收获了不同的知识，志愿者们也在一次次与孩子们的沟通中逐渐理解这样一个群体以及孩子们不同的想法。每次志愿者们支教结束我们都会进行合影，留下这值得纪念的一段时光。用两句话总结给孩子们上课的时光，一句来自孩子们"老

■ 孩子们和"小老师"玩得很开心

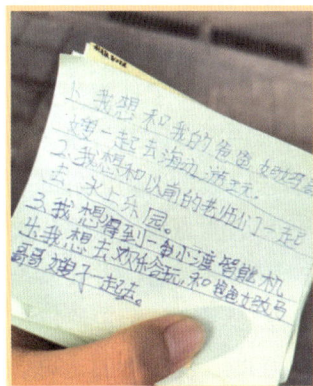

师你们什么时候还会再来啊"；一句话来自志愿者"每周三下午都是我一周里面最快乐的时光，虽然累但是很开心"。

■ 孩子们在"自我认知"主题课上的成果

3. 课后反思，精益求精

课后反思部分作为本项目另外的一个重点，项目的发展必定要靠

反思与总结进行不断更新、不断改进。一方面是负责人在管理方式上进行反思；一方面是各位"小老师"在上课过程中对课堂效果进行反思。每次支教活动结束，学校项目负责人会要求各位志愿者将上课遇到的问题统一发到群中，互相讨论解决办法，如果有不能解决的问题即尝试与外校同学以及课程开发者联系尝试解决。不仅总结问题，也要分享课程当中有意思的事情。这从根本上保证了志愿者和孩子们的积极性活度。通过课后不同方面的反思与总结，幸福小镇支教项目的各个板块都更加完善、流程更加顺畅，带给孩子们和志愿者的收获也更多。

五、成员收获

2019年秋季学期至2019年12月4日，"幸福小镇"支教活动累计开展7次实地支教、2次志愿者培训、2次项目交流会。

针对教学内容的教授，本学期根据小学低年级和高年级课程设置的不同而分别展开。分别完成了新学期、自我认识、学习习惯等3个主题的教学。

通过一学期的志愿教学活动，北京市昌平区向上小学的孩子们在课堂上充分表达自我、学习与人交往的艺术、练习良好学习习惯的养成，提高了沟通表达能力和动手能力，增强了同理心，锻炼了社会情感技能，形成了问题辨识和解决意识等，课程教学取得了一定成果。同时来自全校20余个书院、学院的近50名本科生志愿者通过打工子弟小学志愿教学活动，提升了沟通表达能力和团队协作能力，奉献了爱心，并在实践中深刻体会了"奉献、友爱、互助、进步"的志愿服务精神。本项目也通过不同维度、不同深度的宣传，让更多的人关注到了打工子弟这样一个群体，在每位志愿者的心中留下了一颗种子。

■ 志愿者们支教结束合影留念

"童年一课"助学活动：
云教学，让教育没有距离

一、团队介绍

"童年一课"是由北航蓝天志愿者协会与北京童年一课助学发展中心合作开展的一项志愿项目。本项目致力于利用新兴技术，通过为教育不发达地区小学搭建网络教室，改善教育不均衡现状。团队内的

■ 志愿者参与线下培训

志愿者利用课余休息时间准备课件，在云教室里为乡村的学校持续输送美术、音乐、科学、国学、心理学等课程内容，带领孩子们感受音符、色彩、语言等的魅力。

团队的口号是"让教育没有距离"，目标是为师资匮乏的乡村小学带去更加多样化的素质教育课程，改善教育不发达地区因师资缺乏导致课程单一的状况，让乡村儿童也能享受到优质的教育资源。

二、项目背景

近年来我国教育事业不断发展，但仍然存在发展不平衡的状况，投入不足和分配不均造成了优质教育资源短缺的结果。在许多乡村地区的学校里，师资力量十分有限，一位教师往往需要身兼数职，以至于可能无力照顾到所有课程，学生的课表中总会出现无法实际开展的

课程。志愿服务队正是基于这些现状发展起来的。一群认真负责、热情奉献的北航学子，利用自己的课余时间，通过云教室给乡村地区的孩子带去多样的素质科目，丰富孩子们的精神世界并培养他们的综合素养，为解决乡村教育师资相对匮乏的问题贡献自己的力量，努力让更多乡村儿童也享受到优质教育。

■ 孩子们参与课堂　　　　　　■ 志愿者进行在线授课

三、项目焦点

蓝协童年一课项目将为志愿者们提供对接小学以及专业的在线授课软件，同时提供课件包（包含PPT、课程大纲）以供参考，并保证对接小学软硬件运行良好。在童年一课项目中，传播知识与爱心的志愿者们在经过专业的教学培训、讲稿审核以及试讲之后将正式上岗开始线上支教，授课时间原则上可由志愿者统筹决定，通过线上课堂APP，每周进行一次40分钟的线上授课，与乡村小学的小朋友们联系互动。此外，有意参加线下支教的志愿者们在暑期还有机会亲自来到支教小学开展夏令营活动，与屏幕里可爱的小朋友面对面交流，更好地传播知识，弘扬志愿精神。

目前，童年一课开设有：美术、音乐、心理、国学等多项课程。在完成每学期的授课任务后，志愿者们不仅可以获得相应的志愿时长，还可以获得由童年一课和乡村小学共同签发的志愿者服务证明。

在这里，大家不仅可以认识一群可爱的孩子们，获得一段精彩而珍贵的回忆，更会在专业的授课培训考核中，掌握更好的授课技能，提高个人沟通能力并提高个人综合素养。

■ 孩子们的课堂作品

四、项目成果

在志愿者的共同努力下，"童年一课"如今已经建设成为北航蓝协志愿活动中心品牌项目。在2022春季学期，拥有项目负责人4人、可授课志愿者16人，在一个学期的授课当中，有效课节数为36节，授课总时长达到2022分钟。当前，"童年一课"支教社团与4所小学拥有对接合作，在对接学校的学生当中拥有极高的评价。

2022分钟	54.65分钟
实际授课时长	平均授课时长
1.27	36
工具平均使用次数	有效课节数
4.9	4.73
学生平均评分	教师平均评分

■ 志愿者授课成果

在项目负责人和志愿者的共同努力下，北航"童年一课"志愿项目在2021秋季学期的评选当中晋升为三星合作社团，并且不断创造着更加优异的成绩。

五、未来展望

童年一课的使命是"用新技术改善教育不均衡现状"，我们秉承北航蓝天志愿者协会"志存高远，愿惠天下"的初心，以实际行动将童年一课项目薪火相传。

教育是国之大计、民生之基，站在两个一百年的历史交汇点，面临百年未有之大变局，乡村振兴战略接过了脱贫攻坚战的接力棒，朝着中国梦竭力奔跑。教育是阻断贫困代际传递、防止返贫的最根本方式。一代人有一代人的使命担当，我们加入童年一课团队，为平衡教育不均衡现状尽自己的一份绵薄之力，用实际行动在华夏大地上书写人生华章。

"师者，所以传道授业解惑也"，怀揣着对乡村孩子的关怀和对教育的热爱，志愿者们与童年一课不期而遇。在这里，我们收获志同道合的朋友、收获一份成长，播种一份热爱，收获一份感动。雅斯贝尔斯曾在其书中写道："教育就是一棵树摇动一棵树，一朵云推动一朵云，一个灵魂唤醒另一个灵魂。"志愿者们将自己的见闻、知识转化输出至教育欠发达地区，实现教育资源的地域流动。他们点燃一盏灯，照亮乡村孩子前行的路，也照亮周围人的心。

北京航空航天大学蓝天志愿者协会"童年一课社团"已成为三星级社团，未来我们将努力做好本职工作：继续保持社团星级，探索并创新教学方式，提升教学质量；加强与小学的沟通联系，形成稳定长期的合作关系；尽可能多地招募志愿者，扩大社团规模，帮助更多小学；并于实践中在社团内部形成凝聚力和供以赓续传承的精神；在依旧注重教学质量的前提下，加大宣传力度、提高宣传质量。教务和教学负责人管理授课质量，总负责人加强与小学和总部的交流，团队协助品宣负责人推出多样化、创新性的宣传内容，以此扩大规模、增强团队凝聚力、提高外部影响力。

童年一课项目团队将继续播种教育的火种，将每个志愿者的一份力量汇聚成时代的大洪流，真正践行"志存高远，愿惠天下"，为我国教育事业贡献自己的一臂之力！

"夕阳再晨"科技助老：
汇聚爱心，点亮希望

一、团队介绍

北航红马甲志愿服务队成立于2014年，脱胎于北航材料学院分团委志愿部。部门"社团化"转型以来，红马甲志愿服务队定期开展"夕阳再晨"志愿活动，让全校热爱志愿服务的同学都有机会参与到科技助老的行列中，奉献自己的力量、感受志愿的快乐，将志愿正能量传递至北航、传递至社会。

北京市夕阳再晨社会工作服务中心是由全国道德模范提名、时代楷模、首都道德模范、北京邮电大学青年教师张佳鑫博士发起，于2015年1月在市民政局正式注册的社会服务机构，前身是成立于2011年的夕阳再晨助老公益组织。

■ 红马甲志愿服务队 logo

二、项目背景

现代科技的发展给人们生活带来了极大的便利，扫码支付、外卖网购、网上挂号等活动已经融入每个人的日常生活。而信息时代的快速发展让老年人来不及融入。北航红马甲志愿服务队希望通过组织各种活动让老年人有机会参与力所能及的社会活动，展现"桑榆虽晚霞满天"的活力与创造力，为社会提供可运用的力量，达到科技助老的目的，让更多的老年人享受更有意义的晚年生活。

老年人是社会进步的见证者。通过组织老少两代人互动，既可以让老年人为青年一代分享社会经验，传授他们的人生阅历及处世哲学；同时也可以增强老年人的社会参与感，再次释放他们的创造力和活力。

三、项目焦点

夕阳再晨项目以普及科技为主，辅以文艺娱乐并行的方式提升老年人的生活质量。夕阳再晨团队扎根于社区，定期采用面对面授课以及个性化教学的方式，帮助老年人学会如何使用各类电子产品，一方面降低老年人融入科技社会的难度，另一方面也减少老年人的孤独落寞感。团队也会集体组织为老年人庆祝生日、举办金婚联谊会以及折花比赛，书法绘画比赛等各类文艺活动，让老年人参与其中，乐在其中，让老人的特长得以施展，有效增强老年人的满足感。

四、项目内容

1. 磨刀不误砍柴工

台上一分钟，台下十年功。只有精心准备，才能带来一堂精彩的课程。因此，夕阳再晨项目的志愿者们首先会经过一段时间的培训和准备，才可以正式进入课堂。通过培训，志愿者们将学会选择整洁得体的着装，准备实用科学的课程内容，保持快慢得当的语速。同时，在同伴的帮助下，志愿者们还会在准备阶段注意更正自身一些不合适的语言习惯，为课上可能出现的互动进行设想和演练，调整讲课时的心理状态。

以诚感人者，人亦诚而应。志愿者们胸怀热情、肩负责任，一丝不苟地做好准备。这份诚心搭建起了志愿者与老人沟通的桥梁，将我们的心紧紧连接在一起。

2. 科技软件有妙用

具有各种新功能的手机软件一直是志愿者们讲解的重点。志愿者们从日常使用的软件讲起，示范了微信等聊天软件的用法，更加方便老人们与亲朋联系；分享了使用智能手机扫码支付的方法，让老人们购物更加便利；还强调了许多防止诈骗的技巧，提高老人们使用互联网的安全性。

不仅如此，为了丰富老人们的精神生活，志愿者们还介绍了更多软件的用法，包括听歌软件、短视频软件、拍照软件、新闻类软件等等。老人们也能紧随时代潮流，拍照记录生活，分享歌曲舞蹈，畅游网络世界。许多老人不是不愿意接触新事物，而是子女工作繁忙没有时间教会老人。志愿者耐心的帮助，让爷爷奶奶们又拥有了跟上时代的机会。学到了新知识的老人就像获得了新玩具的孩子一样，脸上洋溢着欢乐。

新冠肺炎疫情反复不断，现代科技为防疫做出了巨大贡献。帮助老年人学会使用智能工具既能方便老人的生活，又能为社会防疫提供便利。因此，自疫情以来，志愿者们又丰富和完善了课程内容：为老人们讲解健康码

■ 老人认真学习微信使用方法

的应用，方便老人出行；讲授网上购物、线上问诊的流程，让老人们足不出户也能完成生活必需的活动。

3. 文娱体育可消愁

除了宣讲科技知识以外，志愿者们还关注着老人们的文体生活。志愿者们会定期举办文艺活动，邀请老人们尽情地展现才华，给老人们参与感和满足感；还会组织文体特色课程，如国画、玉石鉴定、太极拳、中医知识等，既能丰富生活，又能有益身心。

■ 夕阳再晨重阳节系列特色活动

在种种富有特色的活动与课程中，老人们接触了新的领域，还能发展新的特长，在今后的生活中拥有新的精神栖息地。志愿者们希望，热闹喧嚣后，老人们的烦恼与孤独也随之离去，取而代之的是悠长的宁静与幸福。

五、项目成效

自成立以来，在公益服务领域，夕阳再晨已经成为全国最大的青年助老公益组织。现已在全国29个城市、100余所高校中成立了志愿服务队。每年拥有近万名活跃志愿者，累计服务全国500多个社区，直接服务社区老年人达25万余人，间接服务老年人超过100万人。夕阳再晨已获得全国助老文明号、中国青年志愿服务项目大赛金奖、北京市社会组织公益服务十大品牌（金奖）等多个奖项，同时被《新闻联播》《人民日报》、中国教育电视台、《北京晚报》等多家媒体报道，在公益领域树立了良好的公益品牌，成为"互联网+智慧养老"的实践先锋。

北航红马甲志愿服务队于2014年与夕阳再晨公益助老组织合作，

面向北航全校招募志愿者，每学期定期组织开展科技助老活动，曾获得2016年、2017年夕阳再晨高校服务队年度评选铜奖，2020年海淀区优秀文明实践志愿项目，北京航空航天大学2017年度、2019年度、2020年度优秀志愿服务项目。

■ 北航红马甲志愿服务队获得 2020 年海淀区优秀文明实践志愿项目

六、成员收获

予人玫瑰，手有余香。每一个在科技助老活动中奉献力量的志愿者也满载而归。志愿者不仅与老人们建立了良好的关系，得以感受岁月洗礼的智慧，增加了对老人的关爱和理解，而且能够在整理与讲述各种现代科技的过程中锻炼自己，增强自己的逻辑梳理、语言表达等能力，收获更好的自我。

四海之内，皆是兄弟。志愿者在"夕阳再晨"科技助老项目中将结识众多志同道合的好友，同心协力完成志愿工作。每一只援助手，都有同一颗奉献心，让志愿者团队成员之间的友谊深厚而珍贵。

无私奉献，实现价值。身为志愿者，能够在服务社会、奉献社会中获得被他人感激、被他人需要的幸福感，能够升华自己的认知和思想，迸发自我价值的闪光，成为一个对社会、对他人有所帮助的人。

七、未来展望

在我国大步迈入现代化的同时，人口老龄化的现象愈发明显。当年为国家创造财富的风华少年已垂之老矣，但人老心未老，老人们同样希望享受这个发达的时代。我们能做的，就是奉献出自己的热情和耐心，引导老人们融入并适应新时代、新科技、新生活。他们将一片盛世之土传于我们，我们将一份盛世之果献于他们。时代车轮不停，志愿助老不止。

展望未来，"夕阳再晨"科技助老志愿团队一直以来的愿景，是实现"让长者过上高品质生活"的养老理念，成为中国养老专业化、集成化服务的领导品牌，不断提升社会治理的专业化精细化水平，弘扬社会责任，推动公益事业发展，接纳爱、传播爱、成为爱，让社会更加温暖，生活更加幸福。北航红马甲志愿服务队也将继续并行，承担起新时代青年的责任，永葆热情，将青春的亮丽价值奉献在服务社会上！

■ 夕阳再晨志愿活动现场合照

防艾宣传志愿活动：
遇艾予爱，以爱御艾

一、团队介绍

　　北京航空航天大学红十字会（以下简称"北航红十字会"）是由北航校医院指导的校级学生组织，秉承着传承弘扬"人道、博爱、奉献"红十字精神的重要使命。作为全国首批"优秀红十字单位""全国红十字模范单位"，北航红十字会始终致力于开展各项志愿服务活动，向广大北航师生宣扬红十字精神，践行志愿服务精神，连续多年获得北京市红十字会评定的"首都高校红十字会先进单位"。北航红十字会经多届发展，成员不断更新，注册志愿者人数均保持在1500人以上，且志愿者管理规范有序，确保了各项志愿服务活动的顺利开展，团体中涌现出一大批先进学生干部和优秀志愿者。

　　作为我校发展较为成熟的志愿者团体，北航红十字会志愿者积极策划组织多项志愿服务项目，与中国红十字会、北京市红十字会、中国性病艾滋病防治协会等多家组织单位开展合作，打造包括防艾宣教系列志愿服务活动在内的多项高校红十字精品特色志愿服务项目，让印有红十字的红马甲温暖整个校园。

二、项目背景

　　艾滋病，人们往往谈"艾"色变，即便获得了足够的知识，但是感性上，对于艾滋病人仍然会不由自主地恐惧和逃避。不断攀升的感染数字、包括大学生在内的青年感染比例上升，提示我们艾滋病的防

治形势依然严峻，媒体和教育系统需要进一步加强相关知识的普及与更新，引导大众正确预防和面对艾滋病。在此背景下，北航红十字会作为北航防艾事业推进的中坚力量，策划组织了一系列的防艾宣教志愿活动，探索出"志愿者×防艾"的宣教模式，在构建的北航高校防艾宣教框架下，招募防艾志愿者作为开展各项防艾宣教工作的主要人员，引导北航学子身体力行参与防艾事业，提高宣教效果，减缓防艾下沉阻力，书写"奉献、友爱、互助、进步"的志愿服务精神，弘扬志愿服务精神的重任，让志愿服务的种子生根发芽。

三、项目焦点

北航红十字会开展的一系列防艾宣教活动聚焦于"科普"与"引导"，让北航学子更好地、更全面地认识和了解艾滋病，包容和消除对艾滋病人群的歧视，持续扩大我校防艾教育的受众面和覆盖程度。同时以科普为载体进行思想上的引导，致力于通过有灵活性、针对性的方式，进一步推进我校防艾事业。

四、项目内容

2021年以来，北航红十字会健康推广部共策划执行13场主题活动，累计发布推送20余篇，共面向两校区师生约5150人，力求细致到防艾宣教中的每个细节，竭力保证宣教的严谨性和活动的趣味性。

第一，关"艾"防"艾"，科普先行。北航红十字健康推广部共策划或执行2场"青春要爱不要'艾'"防艾观影会和3场生命健康教育讲座，让志愿者成为首要宣教人。讲师团的志愿者奔走于开展各类讲座、课程，通过讲授、互动宣传防艾知识和"友艾"精神。在接受培训与备课的过程中，讲师志愿者也得以主动学习诸多知识、技能，并将其迁移运用、融会贯通，使之得以成为自己的"一池水"去讲授。

通过这些宣传活动，同学们得以充分认识到了艾滋病对人体带来的危害，并清楚地认识到艾滋病并不会通过日常接触进行传播，有效消除了大家对艾滋病的恐慌心理，并引导大家树立起正确的认识，做到不歧视艾滋病人，相反更应给予他们更多的关爱，让和谐、关爱的氛围在学校延伸。

■ 防艾主题观影会

第二，发展宣传窗口，助力防艾事业。北航红十字健康推广部宣传组的志愿者致力于微信推送的撰写排版，明信片、海报、宣传折页等宣传品的设计，以及各项活动现场的视频录制、照片拍摄等，是防艾宣教系列志愿服务活动的"窗口"。宣传组招募各项技能人才，在一定的主题下，为志愿者提供机会、创造条件将红丝带等元素融入设计中。这些宣传成果通过各种方式在学生之间传播，为防艾事业的发展提供了动力。

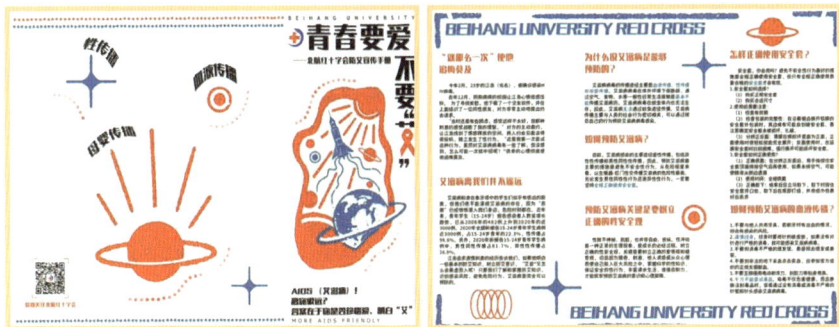

■ 北航红十字会设计制作的防艾宣传手册

第三，创新活动形式，增强宣传效果。为了以更丰富有趣味，更具吸引力，更轻松诙谐的方式向大学生们宣传防艾知识，北航红十字健康推广部策划或执行了"世界避孕日""青春要爱不要'艾'"主题外场活动、"遇艾予爱 以爱御艾"防艾公益明信片设计大赛、"海青杯"防艾知识竞赛等多项活动，增强活动的针对性、趣味性和互动性，在实践中引导北航学子们身体力行地参与到防艾宣传活动中。在"12·1"外场活动中学校同学积极参与游戏，并和志愿者手持横幅合影，在横幅上留下自己对防艾事业的看法和感受。活动过程中，我们得到了包括国际留学生、校内物业人员在内的广大师生、职工的认可和鼓励，我们的防艾宣教工作志愿者们也由衷地感激并深受鼓舞。

■ "12·1"外场活动

五、项目成效

2021年以来，北航红十字会健康推广部共策划或执行13场主题活动，其中包括2场"世界避孕日"主题外场活动，4场"青春要爱不要'艾'"主题外场活动、1场"遇艾予爱 以爱御艾"防艾公益明信片设计大赛、1场"海青杯"防艾知识竞赛、2场"青春要爱不要'艾'"防艾观影会和3场生命健康教育讲座，共面向两校区师生约5150人。活动执行过程中在红会宣传部的支持下累计设计防艾主题文创作品6种，含帆布袋、文件袋、宣传折页等，兼具红丝带及红十字元素；累计发布推送20篇，其中原创14篇，内容涉及艾滋病科普、防艾知识宣传、禁毒宣传、主题活动预告总结等。

在防艾宣教活动中，我们激发了同学们了解防艾有关知识的主动性，提高了防艾与学生的交互效果，传递了关"艾"、友"艾"精神。我们希望能将我们的热情传递给更多人，引导更多的北航学子身体力行参与防艾事业当中。

在2020年首都学雷锋志愿服务"五个100"先进典型推选活动中，北京航空航天大学"青春要爱不要艾"知艾防艾志愿服务项目入选"首都最佳志愿服务项目"。该项目也曾获评"北京航空航天大学十佳志愿服务项目"。得到了首都高校青春红丝带社团、中艾协等组织单位的支持与肯定。北航红十字会会员组成的创作团队参加"2021年高校大学生百个优秀防艾作品"，提交作品两幅，入围作品一幅。我们的防艾工作也得到了社会的肯定，学生分会会长冯靖翔受北京电视台邀请录制《非常向上："艾"前行 青春季》世艾日特别节目。同时，经过努力，我们在由海淀区疾控中心主办的"2021年度海淀区高校大学生线上防艾团体知识竞赛活动"中荣获团体赛、代表队赛三等奖。

六、成员收获

"遇艾予爱 以爱御艾"活动不仅使广大北航师生有所收获，还使红十字会会员们有所成长。一是增强了成员的人文情怀和社会责任感，关"艾"、防"艾"、友"艾"；二是增强了成员作为红十字会一员的自豪感，作为红会的一员，参加到宣传防艾知识的活动中，在校医院等部门单位的支持与指导下开展各项工作，感受到了红十字会的责任感和身为红会成员的满足感；三是实现了成员的人生观和价值观的升华，作为志愿者感受到传递知识和帮助他人的快乐，不断提升自我；四是提升红会会员的综合素质能力，从服务社会角度升华了自己，通过志愿活动开展，提升了志愿服务意识，拓宽了认知广度。

七、未来展望

"人道、博爱、奉献"是红十字精神，"奉献、友爱、互助、进步"是志愿服务精神，红马甲彰显红十字的颜色，也体现着志愿服务的本色，北航红十字会志愿者已成为北航校园内志愿服务活动中不可或缺的力量。

在未来我们将继往开来，将防艾宣教的热情传承下去，根据新时期对青年志愿者活动提出的新要求以及当前我国防艾事业发展环境与高校防艾现状，不断探索和创新防艾宣教的新形式。并进一步健全防艾宣教团队，拓宽宣教范围，完善宣教内容，努力将队伍打造成精良优秀的高校红十字志愿服务队，将红十字精神与志愿服务精神充分交融，让点点滴滴的"奉献"精神在北航校园内汇聚成浓浓大爱，让红十字精神和志愿服务精神得以更好地传承与弘扬。

士嘉"助消化"课堂：
朋辈辅导助力学风建设

一、团队介绍

　　士嘉"助消化"课堂志愿团队的成员均来自北航士嘉书院，他们是由士嘉书院学业与发展支持中心和士嘉"助消化"课堂精选出来的在学习上勤奋刻苦、在工作中勇于奉献、在生活中乐于分享的学生。讲师团的成员们科学知识基础扎实，乐于奉献社会。本项目已运营到第三个年头，参与本项目的总人次达80余人次。

　　志愿讲师团队发挥课内科学知识的特长，与士嘉书院学业与发展支持中心携手，深入同学内部，为同学们带来精彩纷呈的学业辅导和学风建设活动，让学生们在无尽的知识海洋中自由遨游。

■ "助消化"课堂讲师团合影

二、项目开展背景

"青年兴则国家兴，青年强则国家强。青年一代有理想、有本领、有担当，国家就有前途，民族就有希望。"大学生是青年中的骨干力量，是未来知识分子队伍的生力军，是国家的未来和民族的希望。"良好的开端是成功的一半"，刚进入大学成为北航学子的大一新生们对于大学的学习生活难免有或多或少的困惑，士嘉"助消化"课堂积极为学生提供多种多样有关学习的辅助，也为学有余力，乐于奉献的学子提供了一个施展才华、奉献青春的良好平台。志愿者们秉持着"赠人玫瑰，手有余香"的理念，帮助广大大学生夯实课业基础，以专业知识满足莘莘学子对于科学的渴求，对时代交出了自己的答卷。

三、项目焦点

本志愿项目的重点在"朋辈辅导"和"学风培养"。空天报国不是一朝一夕，拍脑袋就能做成，需要我们大学生有坚实的科学素养。本项目致力于帮助学生夯实数理基

■ "助消化"课堂课程

础，养成优良学风，强化大学生的自我认同感，使士嘉学子成为有扎实的知识基础和良好的学习素养的合格大学生，用勤学实干成就强国兴邦、空天报国的红色梦想。

四、项目内容

自项目开展以来，志愿团队已走过了两年半的年头，先后录制325期的线上课程视频，举办了多个学期内和寒假助学活动，为同学们解答最为困惑的内容，解决莘莘学子的所及所需所盼。

1. 疫情期间，线上网课辅导

在2020年初，由于新冠肺炎疫情的暴发和蔓延，学生们在2019至2020学年的下学期统一居家学习。在此期间，"助消化"课堂志愿项目充分发挥线上平台优势，开展线上视频课堂，出品了工科数学分析、大学物理（上）、C语言程序设计和工程图学（2）的"助消化"课堂视频辅导，为居家学习的同学们提供了高质量新形式的学习资源，满足同学对多种学习资源的需求。

■ 疫情时期线上课程

2. 开展寒假C语言预习活动

针对大一下学期航空航天大类学生在C语言程序设计课程学习过程中出现的困难和问题，诸如课程内容难以消化、追赶不上课程进度等，志愿团队积极保障广大同学，在寒假开展C语言预习活动。预习活动充分利用同学们在寒假的空闲时间，在为期19天的过程当中通过知识点讲解与总结，例题与练习题训练以及专项考察等内容为渴求知识的学子提供及时有效的课业辅导。参与该活动的同学在学期内的C语言课程上更得心应手。

■ 寒假 C 语言预习活动

3. 学期内课业交流与学风培养活动

在学期内，"助消化"课堂项目同时开展多种学习交流活动与学风培养活动。

在"助消化"课堂长时间开展过程中，我们也积累了诸多学习上的成果和经验，我们将这些阶段性成果整理成为长达200页的《助消化课堂全集》，内容涵盖大一学习的数学分析的知识点介绍、常用结论、典型例题与剖析等。

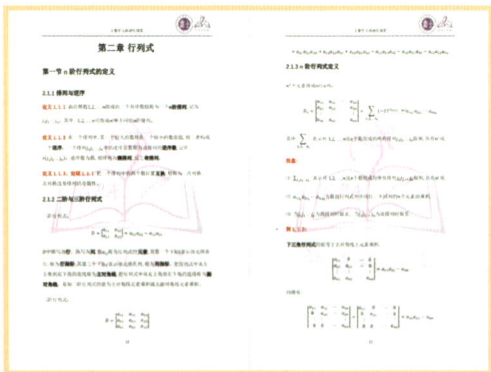

■ 助消化全集

同时，"助消化"课堂在每学期期中期末前为广大学生精心准备期中和期末的模拟考题，作为同学们对于自己学习的阶段性检验，及时提供反馈，帮助学生及时调整学习策略。

此外，"助消化课堂"项目在2021年举办了第一届"助消化杯"。"助消化杯"致力于通过各种有趣的题目激发大家对于当前学期学习的科目的兴趣。题目中涉及数学、物理、C语言和其他领域的题目，从不同的视角出发对平时学习的各种严谨的科目进行提问，引发同学们的深入思考，增加兴趣。参与该活动的同学们给出了一致好评！

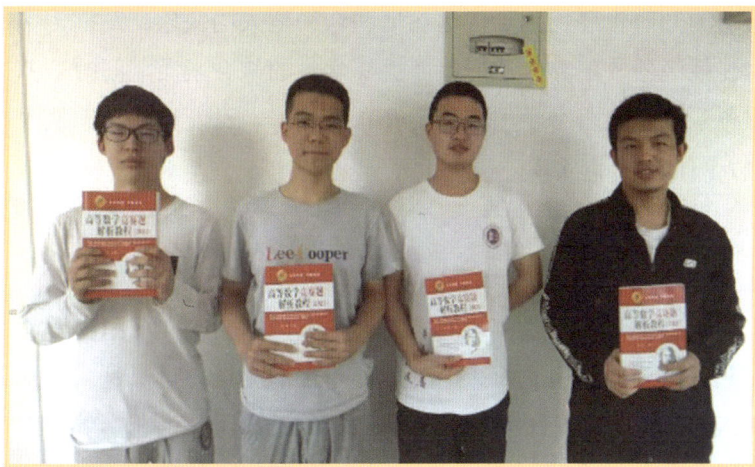

■ 第一届"助消化杯"

本项目在运营过程中荣获北京航空航天大学2020年度优秀志愿服务项目。该奖项代表着广大师生对"助消化"课堂项目的高度认可，我们会继往开来，书写"助消化"课堂的新篇章！

五、项目成效

本志愿项目主要面向北航学院士嘉书院的学生，同时也兼顾其他书院的有兴趣的学生，从2019年创办至今已然走到第三个年头，一路披荆斩棘，斗志昂扬。先后经历了疫情居家学习办公和后疫情时代，持续为同学们输出优质内容。

六、成员收获

士嘉"助消化"课堂活动不仅使士嘉书院的同学们有所收获，同时还对团队的成员的成长有很大帮助。团队成员在学习方面帮助同学答疑解惑的同时，也锻炼了自己的学习能力，提升了自己的学业素养，进而为广大学生提供更好的学业辅导。"助消化"课堂项目实现了团队的人生观和价值观的升华，团队成员与同学们在学习方面的答疑解惑的同时也感受到了传递热情和帮助他人的快乐。发挥传帮带精神，传授经验、培养人才，不断提高学生的综合素质，同时培养学生的服务意识，让每个学生既能提升自我修养，又能享受帮助他人、服务他人的自我价值实现。

七、未来展望

知识分子是先进生产力的开拓者，在国家精神文明和物质文明建设中起着重要的作用。而大学生是青年中的骨干力量，是未来知识分子队伍的生力军，是国家的未来和民族的希望。作为北京航空航天大学的学生，我们更是有着义不容辞的空天报国的责任。

团队的志愿者们把志愿服务与学习生活有机结合，在学有余力的时候奉献自己，主动帮助需要帮助的人，使奉献、友爱、互助、进步的志愿者精神得以发扬。我们认为个人与社会是相互依存、相互制约和相互促进的，我们将从社会和个人共同发展的角度建立自己的人生观和价值观，追求更高层次的精神境界，树立为他人利益、为集体利益、为国家利益而不断奋斗的爱国主义情怀。

在这个属于奋斗者的新时代，我们所踏过的脚步、留下的足印，如同强有力的音符，展现磅礴伟力，奏出了时代的最强音。在未来，我们将继续奋勇向前，将志愿服务的热情传承下去，不断探索新的志

愿服务形式，进一步优化团队，拓宽服务范围，完善内容，打造北航学院士嘉书院一流的助学服务项目。成功从来不会自己到来，需要我们拼搏争取、双手创造，接力奔跑！

"小小彩虹梦"线上故事录音：
疫情下的云端陪伴

一、团队介绍

"小小彩虹梦"线上故事录音志愿活动开始于2020年2月，由北航宇航学院指导，北航彩虹明天公益社主办，项目志愿者来自北航各个院系，覆盖研究生、本科生各个年级。在宇航学院分团委的严格把关和彩虹明天公益社项目组织团队的精心策划运营下，本项目已历时4个学期，总计参与人次超过200人，参与总时长1940.5小时。

"小小彩虹梦"取得了令人瞩目的志愿成果，成为疫情大背景下，宇航学院乃至北航志愿领域的一块金字招牌，为无数西部山区的留守儿童送去了温暖。

■ 录制组志愿者

二、项目开展背景

党的十九大以来，习近平总书记多次指出，"当今世界正经历百年未有之大变局"。突如其来的疫情，更是加剧了世界变局的演进，身处大变局大变革的时代，无数热心公益的新青年积极思索、勇于创新，敢于开拓全新的符合疫情背景下的线上志愿活动，以饱满的热情和昂扬的斗志迎接2021年中国共产党成立100周年。一代人有一代人的长征，一代人有一代人的担当，志愿者们带着沉甸甸的行囊，走向志愿服务的新战场，"小小彩虹梦"应运而生。

长期以来，彩虹明天公益社的志愿发现很多乡村留守儿童存在着课余生活单调无趣的情况，缺少父母陪伴的他们，心理状况也不容乐观，而由此导致的睡前状况差、睡眠质量低的问题更是严重影响孩子们的身心健康。于是，我们决定通过录制睡前故事的形式进行帮扶，并结合我校特色开展相关

■ 欣喜的孩子们（一）

的航空航天科普故事的录制活动。超过两年的运行过程中，项目组织团队不断创新，先后进行了团队录制，评优录制，跨校合作录制甚至是外文故事录制等各个方面的尝试并取得成功。

三、项目焦点

本次活动聚焦于"创新"与"分享"，在疫情线下常规志愿活动无法正常开展的背景下通过全新的志愿服务形式和不断创新寻找突破的志愿服务态度，提高了志愿服务水平，强化了志愿者自主创新意识和合作探索意识，发扬了志愿者情怀；同时以故事分享为实践形式的帮扶，既实现了对西部山区孩子睡眠状况的改善，又体现了志愿者以身作则的服务态度。

四、项目内容

自活动开展以来，志愿团队充分了解山区留守儿童成长发展状态，通过一丝不苟的故事录制和故事审核，竭力保证睡前故事的质

量，拓宽孩子们的视野、给予孩子们快乐。

■ 志愿者团队合影

优中选优选题材，精益求精录故事。通过实地走访交流，以及长期以来服务乡村的真实感受，我们从提高孩子们听故事体验这一基本目标出发，自录制故事伊始，就力求做到最好。考虑到留守儿童可能理解力和认知力方面相对欠缺，志愿者们从自身实际出发，有的自己撰写适合的故事，有的翻阅自己曾经读过了解过的儿童故事读物，力求为孩子们寻找到最适合的、最有趣的睡前故事。在故事录制过程中，我们通过不断录制的尝试和研讨，以及对于多种形式的探索，提出了故事录制的规范文件，并根据志愿者录制的实际情况进行不断修改。时至今日，项目历时近两年，志愿组织团队已有一套相对成熟的录制要求管理方案。根据孩子们的反馈，我们录制故事的质量不断提升。部分志愿者录制的连载故事更是成了孩子们争先恐后要听的热门录音，故事录制已接近专业水准。

严格把关筛故事，符合年龄配故事。在志愿者完成故事作品的录制之后，由彩虹明天公益社的志愿骨干组成的志愿团队会严格按照故事录制要求进行故事筛选。志愿者组织团队有着严格而细致的故事审核标准，比如背景音和人声的比例参考，什么时候进入背景音，什么时候背景音乐渐弱并退出，故事的总体时长等等，都事无巨细地出现在标准之中，也都被审核员严格地采纳。为了配合审核制度，本项目在策划时通常会在时间跨度上预留出一到两个教学周作为有瑕疵故事的二次修改时间，充分保障了志愿者的权益。合格的故事完成后，我们会根据故事题材、故事类型以及孩子们的年龄进行实际的分配，确保每个年龄段孩子都可以听到有趣的、能懂的、可以有所收获的睡前故事，让他们能伴着自己心爱的故事入眠，拥有一颗幼小却强大的心灵。

■ 欣喜的孩子们（二）

　　健康成长，畅想远方。孩子们是国家的未来、民族的希望，是中国特色社会主义事业未来的接班人，不该不能也不允许因为地缘和家庭的原因就不配拥有希望，不可以拥抱自己的梦想。因此，志愿者们努力呵护留守儿童的点滴成长，希望以这种看似渺小而朴素的睡前故事的形式，为他们的梦想助力，为他们的成长添砖加瓦。部分志愿者还与孩子们进行了通信，在心中表达对于他们未来的无限期望和激励，希望他们能够走出大山，实现自己

■ 欣喜的孩子们（三）

梦想，富裕自己的家乡，我们在信中写下周总理"为中华之崛起而读书"的伟大梦想，希望这一篇篇故事能够为他们的无限憧憬埋下一颗颗种子。我们由衷地感受到，在未来的某一天，他们一定会成为栋梁之材，飞向蓝天，成为社会主义建设的中坚力量。

五、项目成效

"小小彩虹梦"项目历时两年以来，共成功开展四期，成功录制故事741篇，累计故事总时长超过一万分钟，其中合作或分角色录制故事近50篇，与外校合作录制故事数十篇，外文故事数十篇，故事题材涵盖童话、神话、科普、传记，涉及中外涵括古今，为孩子们提供充分而自由的选择空间，努力实现听故事体验的最大化。

习近平总书记曾为志愿者回信道："雷锋精神，人人可学；奉献爱心，处处可为。积小善为大善，善莫大焉。当有人需要帮助时，大家搭把手、出份力，社会将变得更加美好。"而在建党百年之际，在全国上下深入开展党史学习教育的浓厚氛围里，我们彩虹明天公益社的志愿者更应该充分发扬志愿者品格，为祖国和人民做出特殊的贡献，从人民中来到人民中去。

在活动中，孩子们能够比较明显地提高睡眠质量，从而提高身体素质，通过我们的故事，孩子们可以从容地探索各种未知，不断拓宽自己的视野，为建设更加富强的祖国打好基础。

"小小彩虹梦"线上故事录音志愿项目取得了一定程度的社会影响力，也获得了北航诸多志愿服务的奖项，项目荣获"北京航空航天大学2020年度优秀志愿服务项目""北京航空航天大学2021年度优秀志愿服务项目"，以该项目志愿者录制故事过程为蓝本制作的vlog视频《彩虹好梦》获得北航vlog大赛一等奖，所在社团彩虹明天公益社获得首届文馨基金社会公益专项奖学金，连续8年获得北航五星级社团，连续数年获得北航社团风采传媒奖。

■ 志愿者服务证书

六、成员收获

　　"小小彩虹梦"活动不仅提高了西部山区留守儿童的健康状况，还使志愿服务团队有所成长。一是增强了团队成员的志愿服务意识，使他们更加认识到作为新时代青年和北航志愿者身上的责任感和对于这个身份的认同感；二是提高了团队成员的志愿服务水平，疫情前的志愿活动大多都在线下进行，而彩虹梦全新的方式对广大志愿者来说是一个全新的挑战，志愿者们努力适应，认真而脚踏实地进行故事的录制和传播，受到广泛好评；三是实现了团队成员的人生观和价值观的升华，志愿者们都感受到传递热情和帮助他人的快乐，不断提升了自我；四是提升团队成员的综合素质能力，从服务社会角度升华了自己对奉献祖国的认知，拓宽了视野广度。"我们最大的快乐，就是看到他们天真的笑脸"，孩子们欢乐烙印在我们心中，我们也切切实实感受到了志愿活动的价值。

七、未来展望

　　"志愿精神的核心是服务、团结的理想和共同使这个世界变得更加美好的信念"，我们怀着这样的志愿服务专业精神，用实际行动来传承北航精神，发扬北航品格，为建设社会主义新时代而不懈奋斗。"青年是早晨八九点钟的太阳"，在建党百年的宏大背景下，我们走在先辈们走过的红色道路上，心怀使命与担当，关心突出社会问题，用实际行动诠释新时代青年的价值，实现青春的梦想。

　　志愿者服务，提供大量的人力资源的同时，更能发挥服务的人性化、个人化及全面化的功能，从而令服务对象受益，并融入社会，增强归属感。

　　在未来，我们将继续坚持服务态度并不断创新，传承志愿者态度和热情，根据社会主义新时代对青年志愿者活动的新要求不断发展自身，提高志愿服务能力和水平，打造北航宇航学院、北航彩虹明天公益社的特色品牌志愿实践项目，为实现中国梦不断奋斗！

"你的心愿我来圆"活动：
点亮心愿，千里梦圆

一、项目介绍

"你的心愿我来圆"活动始于2012年，由北京航空航天大学第十四届研究生支教团携手蓝天志愿者协会共同创立。通过挖掘和打通校内外志愿公益渠道，收集支教团服务地小学新年心愿，将心愿卡通过线上下进行宣传，鼓励校内师生为偏远地区孩子达成心愿并统一寄送发放。现活动已扩展至新疆、宁夏、西藏等省区的多个县市，累计为上千名孩子实现心愿，成为北航志愿公益品牌活动。

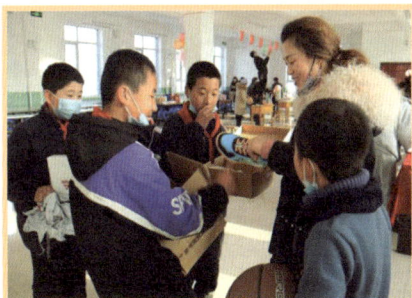

■ 研究生支教团在学校举行"你的心愿我来圆"礼物发放仪式

二、项目背景

在中国共产党领导下，脱贫攻坚和全面建成小康社会伟大事业取得历史性成就，在人类的脱贫攻坚历史上书写下浓墨重彩的一笔。越来越多的偏远地区摆脱贫困，实现了人民生活水平的大幅度提高。但对于一些地区而言，由于自然地理或历史遗留的原因，在与外界沟通等方面仍然存在不便，尤其是对于这些地区的儿童而言，在他们成长过程中，所感知到的世界，或许只有头顶的那一片天空。

大多数在校大学生没有机会前往支教一线，无法直接改变他们的处境，但可以用自己

■ 新民中心小学校门口

微小的行动，用那一份份平凡朴实的礼物，伴着一颗颗关爱的心，为这些纯真的孩子们带去梦想的火种，点燃他们对外面更广阔世界的向往。让横跨千里的爱心桥梁飞跃一道道天堑，让从未素面的两个灵魂碰撞出闪耀的火花，让关怀的温暖洒满每一个偏远的角落，让希望的红日，终能在群山的遮蔽下喷薄而出。

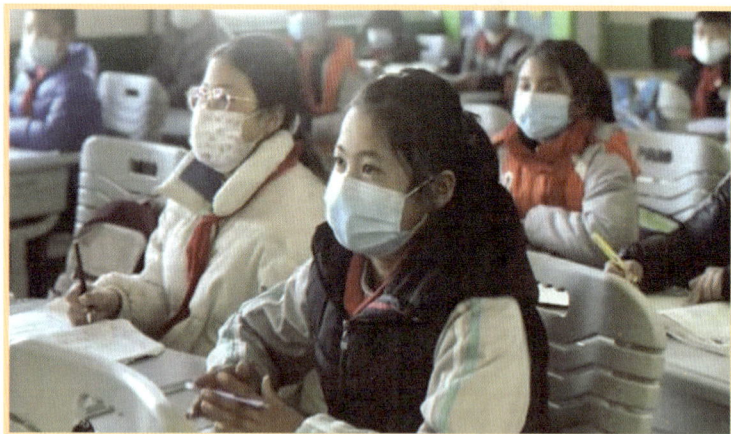

■ 课堂上求知若渴的孩子们

三、项目焦点

"你的心愿我来圆"活动聚焦于"奉献"与"志愿"，让首都高

校学生了解到，在遥远的彼方还有一群对新年礼物翘首以盼的孩子，鼓励大家积极参与到帮助小朋友们实现新年心愿的行动中去，为更加和谐、美好的社会奉献自己的爱心，从而促进北航师生对偏远地区的关注，增进人与人之间的联系。

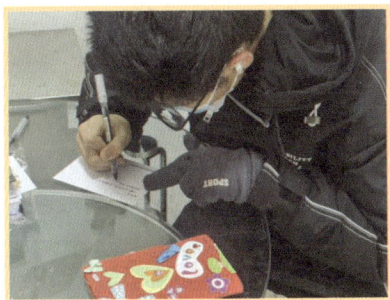

■ 心愿认领人写祝福信　　　　　　　■ 收到礼物的学生与礼物合影

四、项目内容

"你的心愿我来圆"活动由北航校团委主办，研究生支教团和蓝天志愿者协会共同承办。收集心愿、认领心愿、发放心愿——志愿者们努力打通志愿服务窗口，接力传递爱心，为西部孩童送去一份温暖。

1. 收集心愿，为爱发声

研究生支教团调研拟定计划实现心愿人数，会同学校教师依据留守儿童、贫苦学子、优秀学生等多维度确定心愿实现名单，并引导学生书写心愿卡片。心愿卡片上涵盖的愿望可谓多种多样，钢笔、词典、文具盒、新书包，或是一个篮球、一套彩笔、一本课外书，或是一双新鞋、一个梦寐以求的玩具，一笔一画承载着孩子们的读书梦、绘画梦、篮球梦……

为鼓励更多师生参与其中，筑成温暖桥梁奉献爱心为孩子们实现梦想，进一步扩大活动影响力和覆盖面，"你的心愿我来圆"活动通过线上线下多渠道进行宣传，制作微信推送、精美视频、推广二维码，结合"12·5国际志愿者日"嘉年华活动，组织校级外场活动，鼓励学生翻转心愿板牌子领取心愿，设计并制作文创产品面向校内售卖，将所得利润捐出为孩子购买礼物。

2. 认领心愿，传递爱心

由蓝天志愿者协会统筹组织，活动两校区双线并行，心愿卡可通过线上线下双渠道认领。认领心愿的志愿者自行准备心愿礼物，在规定时间内将礼物和

■ "你的心愿我来圆"在"12·5"外场的宣传展板

对孩子的贺卡寄语（可选）送至两校区值班点，交给蓝协工作人员。收集整理后的心愿礼物将被一并寄送至服务地小学，进行发放。

同时，在礼物认领环节中也会多方联络各学院书院，开设"你的心愿我来圆"专场活动，以单位名义批量认领，促进了更多人深入地了解"心愿"活动，也助力礼物顺利认领完毕。

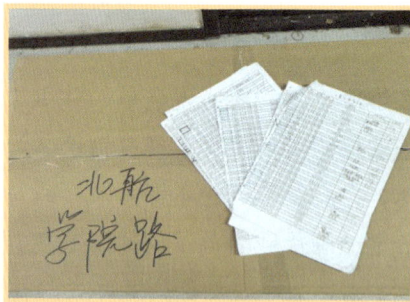

■ 心愿认领人写下祝福信

■ 心愿工作组成员将礼物打包装箱

3. 发放心愿，反馈总结

收到整箱打包寄送的心愿礼物后，研究生支教团志愿者将礼物按

班级按类别整理清点，筹备新年前的发放仪式。

■ 心愿卡片与祝福信

发放仪式邀请服务地团委领导、学校领导、当地西部计划志愿者等有关方面共同参与，统一为学生发放新年心愿，通过视频回顾学校从收集到达成心愿的历程，分享校内师生对孩子们的书信寄语，勉励同学们要心怀感恩、健康成长。

■ 研究生支教团将礼物送到小朋友手中并合影留念

以纸质的心愿卡片、明信片、感谢信传递期待、祝福与感激是活动的一大亮点。小朋友们在用现有的彩纸、废弃的纸壳和五颜六色的水彩笔装饰的心愿卡片上写下自己的新年愿望。这些卡片会在心愿认领人到达仓库送礼物的时候转交给他们，再由认领人填写仓库处备好的祝福明信片随礼物一起送出，最后想要感谢信的认领人还会在下学期收到小朋友们真挚的回复。

在信息时代加速的洪流中，即时的快讯传输已经逐渐替代漫长的书信来往，成为主要的交流手段，但远在宁夏固原市泾源县的小朋友

们还没有能力拥有一部自己的手机，那就让我们遵循他们的方式，让载着情感的信纸在等待中附上更多力量，让期待、祝福与感激的文字能够被真实地触摸。

五、项目成效

"你的心愿我来圆"活动创立十年间，累计为上千名西部孩子实现心愿，跨越千里向小朋友们送上北航师生的祝福。获得校内外师生、服务地学校、地方政府和相关新闻媒体的一致好评。项目多次获评北航校级优秀志愿服务项目。

六、未来展望

点亮心愿，千里梦圆，那一份份寄托着朴实梦想的卡片，凭借着志愿者们的付出，得以传递到千里之外素不相识的同学手中；而那来自陌生人的一件件承载着爱心的礼物，又在志愿者的帮助下，送达偏远地区那些渴望它们的孩子。志愿者们怀着最纯粹的服务精神，搭建起了这座横亘千里的爱心桥梁，让帮助他人的热忱能够熠熠闪光，为向往未来的幼小心灵带来温暖与希望。

参与活动的志愿者们，通过自身的付出，切实践行了志愿理念。在这个过程中，他们收获到了帮助他人的成就感，并深深地埋下了志愿精神的种子。在之后的学习生活中，这颗种子生根发芽，茁壮成长，指引着志愿者们投入一项项更有意义的活动当中，用自己的力量，去帮助身边需要帮助的人，为社会和国家的发展建设奉献出自己的力量。

未来团队将总结过往的经验和教训，将这一活动不断地传承下去，并随着时代的发展，为其提出新的目标和要求，把活动所蕴含的志愿精神，与党和国家于青年人的期望有机结合，不断地为活动发展补充新形式，注入新内涵。在这一基础上，努力将其打造为学校精品特色志愿活动项目，传承志愿火种，发扬志愿精神，为志愿事业的发展贡献青春力量！

第三篇

团队赋能　温暖聚航

北航蓝天志愿者协会：
志存高远，愿惠天下

一、组织简介

北京航空航天大学蓝天志愿者协会，简称蓝协，由北航校团委直接领导、组织和管理工作，是北京市志愿者联合会注册团体会员单位。从2001年成立北航彩虹志愿服务队，到2005年更名北航蓝天志愿者协会，再到成为北航三大校级学生组织之一，在一代代蓝协人不断的努力下，蓝协不断完善自我、寻求突破，逐渐成为一个成熟的志愿者组织，积极引领着全校的志愿者工作，每年吸引了上千名志愿者加入其中，建立了多个长期的志愿品牌活动。她通过无数次成功的志愿服务闪耀了北航志愿者的风采，树立了北航人的荣耀。蓝天志愿者协会已成为北航志愿服务工作的中流砥柱，2021年度，蓝天志愿者协会招募在职干事226名，累计发放志愿时长不少于371820.5小时，注册志愿者共11588人。协会项目曾获2016年阿克苏诺贝尔中国大学生社会公益奖银奖、2018年阿克苏诺贝尔中国大学生社会公益奖银奖、2020年北京市志愿服务项目大赛铜奖，多次荣获北航优秀志愿服务项目；协会

■ 第十八届蓝协成员合影

成员多次获评北航十佳志愿者、北航优秀志愿者。

协会宗旨：志存高远，愿惠天下

协会原则：自愿参加、量力而行、讲究实效、持之以恒

协会精神：奉献、友爱、互助、进步

■ 蓝天志愿者协会会徽

二、部门架构

蓝天志愿者协会自创立之初，就秉持着为全校师生搭建完善、高效的志愿平台的愿景，为了进一步清晰对外职能，精简协会人员，协会在发展壮大过程中进行了多次架构改革，现设常务管理中心、志愿活动中心、宣传媒体中心三大中心与一支蓝天直属礼仪队，设会长团作为决策和领导机构。

常务管理中心作为蓝协的综合性部门，秉承"入则善治协会，出则协和百家"的管理思想，承担物资管理、财务管理、学校规程审批以及志愿时长录入等日常工作，同时常务管理中心承担蓝协对外的联络工作，是校内其他团体及校外高校、企业联系蓝协的重要接口。

志愿活动中心是志愿项目与活动的主要负责者，融合校内志愿、社区服务、场馆服务和支教服务各大志愿方向，在追求综合发展的同时努力携手各部门回归志愿活动的本质，致力于通过开展系列特色活动呼吁温暖，在社会与高校之间架起一座志愿桥梁。

宣传媒体中心负责蓝协志愿项目与文化的宣传工作，用镜头、绘

画、文字和视频展示蓝协风采，注重新型宣传形式的开创，致力于拓宽宣传途径，在微信公众号、微博、B站均书写着蓝协的形象。

蓝天直属礼仪队是协会内的一支常驻礼仪活动力量，在学院、校级活动以及一些商务礼仪活动中担任礼仪工作，通过相关培训，让更多学生有机会参与到大型活动中来，也为学校建设了一支专业的、管理规范的学生礼仪队伍。

三、工作成效

志愿服务是指在不求回报的情况下，为改善社会，促进社会进步而自愿付出个人的时间及精力所作出的服务工作，它是对社会治理的一次延续，是向未来社会的一场投资，是用生命去触动生命。而对于志愿者的概念，每年蓝协招新的时候，我们都会向每一位参加面试的新生解释，任何人都可以成为志愿者，只要你愿意为周围有需要的人提供力所能及的帮助，能发现身边需要援助的群体，有一颗温暖、善良、愿意付出的心，你就是一位合格的志愿者。

蓝天志愿者协会自成立之初，就立志于打造能服务于北航全体师生的志愿平台。对于高校志愿者组织而言，我们最需要面对的问题就是如何在大学生群体里调动起志愿服务的积极性和主动性，不让我们开展的志愿活动只成为满足志愿时长绩效考核的工具、不让师生的志愿热情被千篇一律的志愿活动消磨殆尽。每一位加入蓝天志愿者协会的同学都会思考这个问题，地铁站引路、福利院陪伴、旧衣物回收，这些朴素的志愿活动我们自然不会放弃，但我们更希望能充分发挥校级志愿者组织的力量，打造出多姿多彩的全校型志愿活动，在北航校内传播志愿精神，也向社会展示北航志愿者的形象。

1. 吸引全体师生共参与，开展主题志愿活动

"地球一小时"系列活动

3月的最后一个星期六，北航蓝天志愿者协会应世界自然基金会的

倡议，鼓励同学们走出教室、来到校园，熄灭身后的灯光助力节能环保，欣赏眼前的星月享受自然魅力。蓝协将组织公益荧光夜跑、环保主题室外晚会、公寓灯光秀等活动，向同学们传达节能环保思想。

■ "地球一小时"系列活动

"125国际志愿者日"志愿者嘉年华活动

1985年，第四十届联合国大会通过决议，将每年的12月5日设为国际志愿者日，以宣传和推广志愿精神，鼓励各界人士积极参与到志愿项目中，从而为更多人带来便利和温情。在这一天，各大高校的志愿者团体也大多会举办嘉年华活动来宣传志愿精神。

北航蓝天志愿者协会每年都会联络各大高校的志愿者团体，在12月5日这一天开展线下座谈会，互相分享组织架构、特色活动、项目运营、志愿者管理、宣传推广等方面的经验，与各志愿者团体共同进步。同时蓝协会采用举办外场的活动形式，用一个个精心准备的小游戏

■ "12·5国际志愿者日"志愿者嘉年华活动

及礼品，吸引北航同学以及校内居民参与到志愿者日的活动中，通过这样的方式帮助大家了解志愿，呼吁大家参与志愿，让志愿精神能够像寒冬里的火苗，在全校师生间传播开来，并温暖每一个需要帮助的人。

"百年先锋，党员故事"老党员专访活动

胸怀千秋伟业，百年恰是风华。正值建党百年之际，北航蓝天志愿者协会积极响应党中央由中央带动全国学党史的号召，鼓励志愿者们走到老党员的身边，以后辈学习者的身份与先辈们近距离交流沟通，了解党员故事的同时，学习赓续革命精神，提升个人思想觉悟。

志愿者分为三个岗位：采访人员认真倾听老党员的诉说，询问有价值的问题。记录人员捕捉采访过程的关键信息，及时记录。摄影人员敏锐捕捉到采访精彩镜头，以视频或图片形式记录。

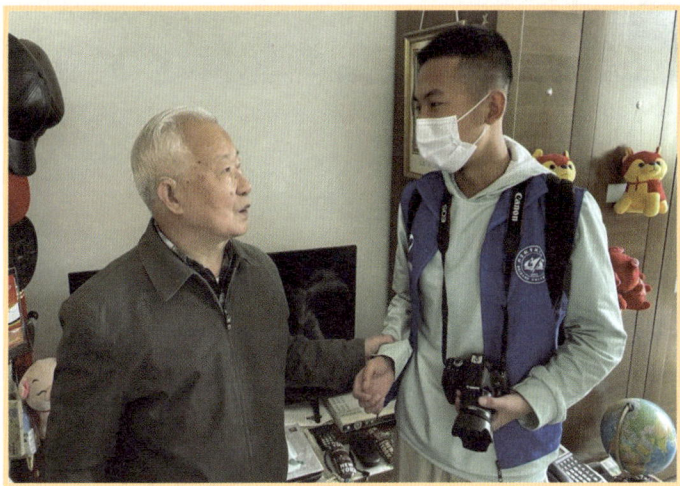

■ "百年先锋，党员故事"老党员专访活动

"漂流书香"图书交换月

书，是文化的结晶；读书，是走向文明的道路。蓝天志愿者协会每年都会在世界读书日期间，开展为期三周的图书募集活动，呼吁全体同学通过以书换书，漂流书香。图书募集活动中，协会收集全校同学捐出的用于交换的书籍，入库整理分类。随后举办两天的外场活

动，让同学们凭记录换取其他等量的图书，或直接带书前来交换。蓝协希望通过这样一个平台，给同学们创造一个交换书籍、交流思想的机会，让同学们的生活增添一丝色彩。

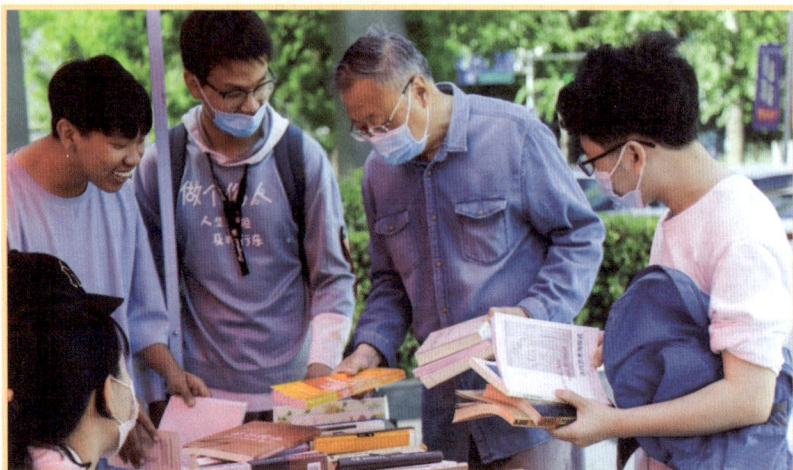

■ "漂流书香" 图书交换月

2. 借助学校特点，开创特色项目

"青春作翼，童梦启航" 十年梦享活动

为弘扬 "空天报国，敢为人先" 的北航精神，让新一代孩子们激发心中对科学、宇宙的好奇与向往；自2014年起，北航蓝天志愿者协会就组织并承办了 "十年梦享" 系列活动，带领小学生参观高校校园，感受高校氛围，丰富课余生活。"十年梦享" 系列活动已开展6

■ "青春作翼，童梦启航" 十年梦享活动

年，惠及1000余人，曾获2016年北京市志愿服务项目大赛金、2018年

阿克苏诺贝尔大学生公益奖银奖。

航空航天小课堂

　　航空航天小课堂支教活动是北航蓝天志愿者协会联合北京市昌平区新龙学校开展的全新支教志愿项目，面向全校招募志愿者，为孩子们开展航空航天课外知识兴趣教学。该项目以拓宽视野为核心，以线下课堂作为具体形式，以航空航天知识教学为主题，教学内容涵盖航空航天基础知识、航空航天发展历史与

■ 航空航天小课堂

航空航天精神谱系，科学原理与文化素养并重。通过教学丰富孩子们的课余生活，促进其德智体美劳全面发展。开拓视野，增长见识，满足其对航空航天知识的向往。同时发挥我校志愿者的航空航天知识特长，丰富其社会经验，培养其奉献精神，增强志愿者对教育事业、社会公益的关注程度。

假期支教活动

　　为丰富偏远地区孩子们的假期生活，带领他们领略科技魅力，开拓科学视野，树立远大理想，北航蓝天志愿者协会先后派出支教队前往河北省石家庄市赞皇县许亭乡许亭村阳光小学、贵州省遵义市仡佬族苗族自治县玉溪镇齐心小学、山西省长治市武乡县故城镇东良村东良小学开展假期支教活

■ 假期支教活动

动。支教内容包括日常授课、远程博物馆展览参观、趣味运动会以及文艺会演等文体活动。受疫情突发影响，2021年暑假我们与河南省周口市太康县杜堂村杜堂小学合作开展了线上支教，教学效果得到了一致好评，称我们"响应及时，应急准备充分"。

3. 开展多方合作，拓展志愿活动

"你的心愿我来圆"活动

蓝协与北京航空航天大学研究生支教团开展合作，支教团在支教过程中收集当地孩子的心愿，孩子们用稚嫩的笔触写下自己想要的一件小物品。蓝协将在北航校内组织认领心愿的活动，由北航的师生们按照心愿为他们准备礼物，在寒冬跨越一千余公里，将礼物送到孩子们手中。该活动已与北航研究生支教团合作开展多年，也受到了宁夏回族自治区固原市泾源县团委等的大力支持。

■ "你的心愿我来圆"活动

"小桔灯"听障儿童支教

为帮助孩子们重回美妙的声音世界，北航蓝天志愿者协会与昌平

区小桔灯康复中心展开合作，每周招募志愿者前往康复中心陪伴听障儿童，引导他们进行手工、美术活动。在志愿者的帮助下，孩子们折出一个个栩栩如生的折纸，画出一张张充满童趣的画。活动结束后，志愿者带领孩子们在室外玩耍。

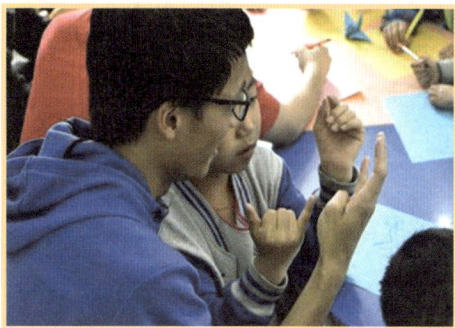
■ "小桔灯"听障儿童支教

手工、美术的教学，丰富了孩子们的生活；共同游戏、欢笑，拉近了志愿者和孩子们的距离。在无声的世界里，永远有人守护着他们天真烂漫的笑脸。

"童年一课"支教志愿活动

蓝协与北京童年一课助学发展中心开展合作，致力于用新技术改善教育不均衡现状，进一步发挥首都作为经济文化中心的优点和便捷，意在让乡村儿童也能享受到与发达地区同样优质的教育资源。北航"童年一课线上支教"项目秉承服务社会的理念，以借助全社会的力量帮助改善农村基层教育质量为宗旨，为在校大学生提供贴近基层、了解社会、实现自身社会价值的渠道。

项目运行至今已有3年多的时间，为河北、湖北、甘肃、湖南等地的十余所小学带去了丰富的课程，并且得到当地学校的积极评价和感谢。疫情期间开展"停课不停学"线上活动，项目志愿者们依托手机"钉钉"软件平台，继续为各个受疫情影响严重地区的小学学生提供多个科目的线上教学。该活动被当地小学评价"十分及时"，项目的发展也得到了北京童年一课助学发展中心的表彰奖励。

4. 培育优秀志愿者骨干，壮大青年志愿者力量

北航蓝天志愿者协会借助其多样的特色活动、分工明确的组织架构以及各部门、各活动内部干事培训方法，培养出一批批优秀的志愿者和项目管理人才。在"一带一路"国际合作高峰论坛志愿项目、亚

洲文明对话大会、2019中国北京世界园艺博览会、新中国成立70周年庆祝活动、2020年中国童书博览会、庆祝中国共产党成立100周年活动、北京2022年冬奥会和冬残奥会等重大活动中，他们凭借其丰富的志愿活动经验、过硬的活动管理能力，均出色地完成了主办方安排的任务，践行"奉献、友爱、互助、进步"的志愿者精神，树立了"德才兼备、知行合一"的北航人形象。

北航彩虹明天公益社：
哪里有需要，哪里就有彩虹人

一、缘起彩虹

北京航空航天大学彩虹明天公益社（以下简称"彩虹明天"）成立于2008年，源于2008年支援四川抗震救灾的彩虹明天公益服务队，其前身是宇航学院的航天宣讲团。自成立以来，彩虹明天扎实开展各类志愿服务活动，爱心足迹遍布四川、内蒙古、湖北、河南、江苏、山东、台湾、贵州等地，并在各项评比表彰中取得优异成绩。社团连续两年获评共青团中央知行计划"榜样100"全国最佳大学生社团，连续8年获评校"五星级社团"荣誉称号，连续两年获评校"风采传媒奖"荣誉，在志愿服务领域，彩虹明天已逐渐成长为一块公益活动的招牌，并产生了极强的辐射效应。从2020年9月至今，彩虹明天公益社累计提供服务岗位近1000人，累计服务时长1.2万余小时。

■ 彩虹明天公益社成员部分合影

自2008年成立以来，彩虹明天在校内的影响力不断扩大，社团成员人数逐年增加，干事分布于南北两校区的各个院系。经过十余年的发展，彩虹明天现已成为校内公益活动的一个招牌，并产生了极强的辐射效应。

社团精神：哪里有需要，哪里就有彩虹人

社团宗旨：关注弱势群体，让爱点亮明天

■ 彩虹明天公益社社徽

二、社团架构

彩虹明天公益社由北航宇航学院分团委指导，下设宣传部、外联部、活动部三个部门，并为每一个志愿项目单独设立了负责人。

作为实践类社团，项目是彩虹明天的立社之本，项目负责人需要全程参与负责项目，保障项目的顺利有序进行；宣传部负责社团公众号、微博等多个媒体平台的运营工作，是彩虹明天对外展示的一个"窗口"，也是推广公益的平台；外联部的日常工作是与高校公益类社团以及其他志愿服务团体保持联系，在交流中彼此促进；活动部则负责校内志愿及外场的策划准备工作，在丰富的活动中让更多人体会到志愿的魅力。

三、今日彩虹

在14年的发展中，彩虹明天公益社形成了完整的志愿服务体系。打造了包含社区治理综合实践、留守儿童云上帮扶、残疾儿童特殊关爱、空巢老人陪伴服务、航空航天知识宣讲、偏远山区短期支教六大主题在内的十余个志愿服务项目，将爱心落入实处，以项目传递温暖，为热爱公益的北航学子提供一个志愿服务的平台，走出校园，为社会和国家贡献青年力量。

此外，社团积极向高层次志愿服务组织学习，拓展公益服务维度，社团成员积极参与了国庆70周年庆祝活动、建党百年庆祝活动、冬奥会志愿者前期选拔、童书博览会、世园会、"挑战杯"、北京科博会、青少年科学营等十余项社会外界具有深远影响力的志愿公益项目。

■ 志愿者为孩子们写信　　　　　　■ 志愿者与孩子们对话

扎根基层一线，参与社区治理——北太平庄街道志愿服务项目

2021年春季，依托宇航学院党委与北太平庄街道党工委的共建工作，彩虹给明天公益社招募志愿者前往海淀区北太平庄街道进行社区治理的志愿服务工作。每位志愿者在为期8周的时间内每周定期前往社区，体会基层工作者的日常工作，将课堂所学与实践活动有机结合，为社区治理提出新意见，展现青年的使命与担当。

截至本学期，共有20位志愿者参与到7个社区的日常活动中，对社区治理有了更深的认识。部分志愿者也撰写了课题论文，做到了理论与实践相结合，在志愿活动中服务他人的同时提升自我。

响应疫情防控，创新志愿模式——"小小彩虹梦"故事录音项目

2020年初，新冠疫情来势汹汹，线下志愿活动被迫停滞，但彩虹明天并没有停下公益的脚步，集成员之力多方探索，寻求可以线上进行的志愿项目。于是，社团联系到了甘肃彩虹公益服务中心，进行了

"小小彩虹梦"的线上故事录音项目，以声音传情，借助喜马拉雅平台将志愿者们录制的睡前晚安故事发送到孩子们手中的故事机里，为留守儿童们带去"云上"的温暖与陪伴。"小小彩虹梦"也从那时持续至今。

截至2021年秋季，"小小彩虹梦"共开展四期活动，第四期活动正在进行中，累计参与成员近300人，录制故事500余篇。本项目荣获"2020年北航校级优秀志愿项目""2021年北航校级优秀志愿项目"奖项。

■ "小小彩虹梦"中的故事机

■ 志愿者进行有声故事录制

关注特殊人群，传递人间大爱——智光特殊教育学校关爱项目

2019至今，在疫情允许的情况下，彩虹明天公益社每周都会组织志愿者前往北京智光特殊教育培训学校，照顾生活在那里的智力障碍的孩子。由于学校师资力量不足，那里的孩子们缺乏陪伴，志愿者们与孩子进行沟通，陪他们做游戏、完成简单的学习任务。志愿者们用实际行动传递着温情，让这里的孩子们感受到来自社会外界的温暖和关爱。

截至2021年秋季，智光小学帮扶项目共开展活动40余次，超过500名学生参与，参与的同学与智光小学的孩子们结成了深厚的友谊，也获得智光小学老师的一致好评。

聚焦社会问题，关注弱势群体——爱地老人颐养中心项目

自2019年至今，在允许的情况下，彩虹明天公益社每周都会组织校内志愿者前往北京市爱地老人颐养中心进行志愿服务。志愿者与敬老院的老人们聊天，听爷爷奶奶们讲述自己的故事，给他们以最诚

挚的陪伴；志愿者也会帮助敬老院改善环境，贴贴窗花、清理枯枝杂草，给养老院增添一抹亮色。参加志愿活动后，志愿者们纷纷表示在自己的社会实践能力得到提高的同时，也逐渐认识到了关心老一辈人们的生活与精神世界的重要性。

截至2021年，爱地老人颐养中心项目共开展活动40余次，共有400余名同学参加。项目成立运行以来，得到了北航学子与爱地老人颐养中心工作人员的广泛好评。本项目也荣获"2019年北航校级优秀志愿项目"奖项。

依托北航特色，传递空天梦想——航空航天科普讲团

作为首都高校科技志愿服务总队的首批成员之一，彩虹明天始终牢记"德才兼备，知行合一"的北航校训，不忘"空天报国"的北航精神，发扬"奉献、友爱、互助、进步"的志愿服务精神，积极进行科普活动，成立了富有北航特色的航空航天科普讲团，为京内外的中小学生带去航空航天知识的科普，在孩子们的心中埋下空天梦的种子。

在第五个中国航天日期间，"共话航天"故事录音活动"创作组"的同学完成7篇航天日主题故事，在留守儿童的心中埋下一颗航天的种子。航空航天科普讲团也参与了航天日进校园、青少年科学营等活动，放飞承载着空天梦的航模与火箭。2021年春季，科普讲团借助互联网平台进行了5次线上课程及1次线下课程，均取得良好反馈。这个秋季，科普讲团再度启航，打造系列课程，前往北京市中小学进行线下科普活动，并在实地授课中不断丰富内容，计划推广成为北航研究生支教

■ 志愿者讲授航空航天科普课　　■ 志愿者带领孩子们放飞小火箭

团的一门科普课程。

紧随时代脉搏，贡献青年力量——暑期社会实践队

站在"两个一百年"的关键节点上，为响应习近平总书记对青年学子"肩负历史使命，坚定前进信心，立大志、明大德、成大才、担大任，努力成为堪当民族复兴重任的时代新人"的号召，彩虹明天公益社在2021年夏季派出两批实践队，分别前往四川与贵州进行支教调研活动，队伍也取得了良好成效，除被北航校园网报道外，实践队事迹被团中央中国青年网、《中国共青团》杂志、中国青年志愿者、中华网、大学生知行计划、北京慈弘慈善基金会等媒体平台相继专题报道。

今年，彩虹明天公益社共派出5支实践队，前往四川、贵州等地进行线上线下相结合的支教调研活动。其中"川航e家"实践队荣获团中央大学生知行计划"为爱上色"中国大学生农村支教奖，及暑期实践队校级一等奖的荣誉；"柠檬汽水"实践队获评暑期实践队校级三等奖的荣誉。

■ "川航e家"实践队部分成员合影　　■ "柠檬汽水"实践队部分成员合影

笔墨传递情谊，守望心笺梦想——书信交流活动

在暑期实践队之余，社团在学期中也和孩子们保持着紧密的联系，开展了书信交流活动。2021年春季，彩虹明天开展了"笔墨守望""声声不息"两个书信交流项目，用最传统的笔墨信笺和孩子们保持长期而有效的联系，为他们答疑解惑，了解孩子们的真正需求，调整实践队授课内容，使支教真正落入实处。

截至2021年秋季，共有300余名志愿者参与到项目中，寄出1000

余封信件，第二期活动也在开展中，第一批的信件也已经整装待发。项目运行以来，受到志愿者和孩子们的一致好评，信纸上最真挚的话语与信封中夹杂着的小小礼物就是最好的证明。"笔墨守望"也荣获"2021年北航校级优秀志愿项目"奖项。

形式多样，在活动中感悟精神——外场活动

在扎实开展志愿服务的同时，彩虹明天也致力于将志愿精神传递给更多的人，开展多次与公益相关的主题外场活动，以丰富有趣的形式，让更多人感悟到"奉献、友爱、互助、进步"的志愿精神。

"一亿个瓶子"环保活动，号召大家通过举手之劳，为营造绿色家园贡献一份力量，活动招募一经发布，全校各学院同学积极响应，在活动中也养成了垃圾分类回收的好习惯。"助残周"外场的开展，设置了手语学习和触觉感知环节，也让同学们体验到了残障人士的日常生活，引起他们对于特殊群体的关注。

见贤思齐，在分享中提升自我——外联交流活动

为了更好地探索后疫情时代志愿公益的发展，彩虹明天公益社在2021年寒假组织召开"携手同行，共克时艰"北京高校志愿交流会，来自清北人航师等8所高校的15个志愿团体出席，集中多方智慧，探索后疫情时代的志愿新形式。会议结束后，彩虹明天号召与会团体组成了北京高校志愿服务联盟，与志愿同仁们一同分享优秀的志愿项目，在交流中获得灵感，更好地为公益事业做出贡献。

其中，在友社的启发下，我们在2021年春季开展了"声声不息"与"笔墨守望"两个书信交流项目，作为暑期两支实践队的补充，在学期中与孩子们进行书信往来，为他们答疑解惑，助力健康成长。各志愿团体也在平日中保持联系，积极在群组中进行优秀项目的分享以及日常交流活动。

■ "携手同行，共克时艰"志愿交流会与会社团名单

四、明日彩虹

　　不知不觉间，彩虹明天已走过14年的岁月。14年里，社团始终坚持"哪里有需要，哪里就有彩虹人"的精神，出现在最需要帮助的地方。扎实开展各类志愿服务项目，并不断进行自我革新，拓展公益维度、创新形式，将"关注弱势群体，让爱点亮明天"的宗旨贯彻落实。彩虹明天也获得了多项国家级、省市级、校级荣誉，多个志愿项目也获得了"阿克苏诺贝尔中国大学生公益奖"等重要奖项；这些荣誉也是对彩虹明天志愿工作的肯定。

　　未来，北航彩虹明天公益社将继续助力公益教育事业，扎根基层一线，服务发展大局，传承空天情怀，弘扬北航特色，努力在社会各界公益服务中展现北航学子的良好风貌，为共建和谐社会献出青春力量。

北航红十字会：处处为人人

一、组织简介

北京航空航天大学红十字会（以下简称"北航红十字会"）是由北航校医院指导的校级学生组织，秉承着传承弘扬"人道、博爱、奉献"红十字精神的重要使命。作为全国首批"优秀红十字单位""全国红十字模范单位"，北航红十字会始终致力于开展各项志愿服务活动，向广大北航师生宣扬红十字精神，践行志愿服务精神，连续多年获得北京市红十字会评定的"首都高校红十字会先进单位"。在志愿者招募及管理方面，北航红十字会志愿服务队紧扣宣扬红十字精神的主旨，以服务好广大北航师生为要义，招募、培训、管理志愿者，尤其注重发展新生为志愿者，在其入学伊始种下红十字与志愿服务的种子。

北航红十字会经多届发展，成员不断更新，注册志愿者人数均保持在1500人以上，且志愿者管理规范有序，确保了各项志愿服务活动的顺利开展，团体中涌现出一大批先进学生干部和优秀志愿者。

作为我校发展较为成熟的志愿者团体，北航红十字会志愿者积极策划组织多项志愿服务项目，覆盖老师、学生、职工、家属等多类人

■ 北航红十字会会徽

群，与中国红十字会、北京市红十字会、中国性病艾滋病防治协会等多家组织单位开展合作，打造高校红十字精品特色志愿服务项目，让印有红十字的红马甲温暖整个校园。

二、工作核心

现如今，北航红十字会已连续多年开展无偿献血系列志愿服务活动、应急救护培训系列志愿服务活动、防艾宣教系列志愿服务活动、校医院健康管理系列志愿服务活动等优质志愿服务项目，多名志愿者获评"全国红十字志愿服务先进典型优秀志愿者"。

但愿人长久，热血注心田——无偿献血系列志愿服务活动

北航红十字会每学年均会在两校区组织多场无偿献血活动，为保障献血活动顺利开展，同时配套组织了相应的志愿服务活动，每场活动招募活动现场志愿者25名左右，年均招募志愿者达300人次。北航红十字会于活动开始前一周进行志愿者招募遴选，并做好志

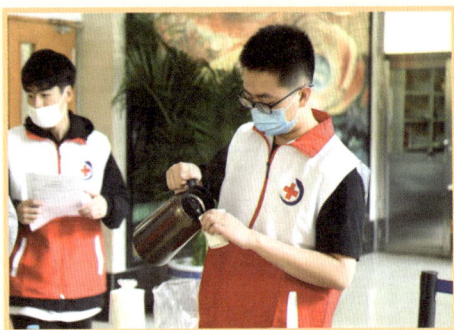

愿者培训、动员。无偿献血活动志愿者共分为休息区、采血区、填表区、化验区、成分血区、引导组、机动组七个岗位，覆盖献血活动的全过程，确保献血活动组织顺畅、秩序井然。疫情以来，为配合疫情防控，扩招机动组志愿者，以提醒献血者注意佩戴口罩，保持一米安全距离排队候场等。

经多年的建设与发展，无偿献血活动系列志愿服务活动涌现出不少亮点。第一，在服务献血者的过程中，不少志愿者也深受感动，成了献血者中的一员。他们既是在无偿献血活动中服务广大北航师生与职工的服务者，也是为了"让世界继续跳动"挺身而出的献血者。第二，作为我校知名度较高的传统、周期性志愿服务项目，无偿献血活动系列志愿服务活动发现、培育、发展了不少优秀的志愿者，他们对志愿服务有深沉的热爱，对献血者有十足的敬意，对我们的活动有相当的肯定。他们连续多期参加系列志愿服务活动，书写"奉献、友爱、互助、进步"的志愿服务精神。第三，该志愿项目除了面向全校

学生外，还面向离退休教职工及在职教职工的家属，该活动不仅承载着献血活动顺利进行的重任，也承载着在全校培养志愿服务的老中青幼新人、弘扬志愿服务精神的重任，予以志愿服务的种子生根发芽。

无偿献血活动系列志愿服务活动不仅得到了学校有关部门及广大师生的肯定，事迹多次登上北航新闻网、各机关部处微信公众号，也受到了医护工作人员以及北京市血液中心等组织单位的支持与鼓励，"首都献血"公众号等官方媒体平台曾多次宣传活动志愿者们的故事。该志愿项目也曾获评"北京航空航天大学十佳志愿服务项目"。

经志愿者们的不懈努力与细心服务，在近五年的22场无偿献血活动中，两校区共捐献全血近5000人次，共计献全血近100万毫升，献成分血约400单位，其中有近400人加入中华骨髓库。热血启航，让世界继续跳动，北航红十字会的献血故事仍会继续，无偿献血活动系列志愿者们的身影也将继续出现在校园内的志愿服务活动中，让红十字精神与志愿服务精神温暖北航。

■ 志愿者进行献血工作组织和记录

救人争分秒，扶危献爱心——应急救护培训志愿服务活动

北航红十字会也于每学年分别在两校区开展至少8场面向全校师生及职工的应急救护培训，作为配套的志愿服务活动在其中发挥了至关重要的作用，协调组、宣传组、后勤组、小班长等各职能组无不确保着应急救护培训的顺利开展，红马甲也是应急救护培训中不可缺少的亮色。

应急救护培训系列志愿者每场招募60余人，年招募近300人次。在系列志愿服务活动组织开展的过程中，得到了各书院学院的支持，同各方力量一道，让红十字精神及志愿服务精神播撒在北航学子心中。以心肺复苏与创伤包扎为主要内容的应急救护培训旨在帮助北航学子学习更为健全完整的应急救护知识，在面对紧急特殊情况时，可以挺身而出，利用掌握的知识和技能，挽救生命于危机，践行"人道、博爱、奉献"的红十字精神。

每场应急救护培训均面向全校师生，其规模较大，人数较多，各项工作体量较

■ 红十字会成员进行应急救护演练

为庞杂，因此，北航红十字会在每场应急救护培训活动开展时，均会组织相应的志愿服务活动，以保障应急救护培训活动的顺利开展。应急救护培训系列志愿服务活动分设协调组、宣传组、后勤组、机动组四个职能组，分别负责学员考勤、对接讲师、拍摄拟稿、调配物资等多项工作，每个培训小班均设立小班长一名，负责辅助小班教学，应对突发情况，确保教学培训活动效果好、秩序佳。

应急救护培训系列志愿服务活动中也是亮点满满。积极的服务态度、饱满的工作热情，使志愿者们得到了来自各个书院学院、前来开展培训的老师们及参加培训的学员们多方褒奖。一场场的志愿服务活动，让我们看到了志愿者与学员们的交融互助，有不少已取得急救证的学员积极参加后几场的志愿服务活动，在其中为新学员答疑、示范，辅助讲师教学，在服务同学的同时也温习所学知识与技能，而志愿者也可以从培训中习得有关知识。

多年来，在志愿者们的热心服务与耐心帮助下，北航红十字会已组织

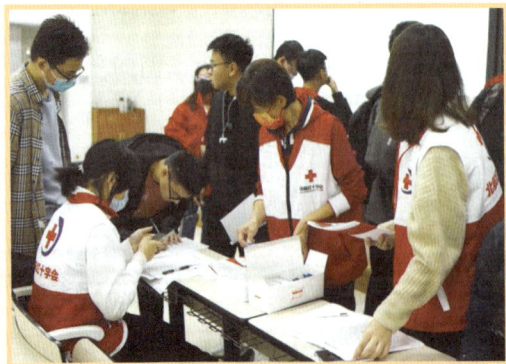

■ 红十字会成员进行急救培训记录

近10场应急救护培训活动，累计培训达4500人，多次获得北京市红十字会和海淀区红十字会的褒奖与赞扬，志愿者们为我校应急救护普及与推广事业贡献了不可忽视的力量。

健康人生，管理为先——校医院健康管理志愿服务活动

北航红十字会承接了协助校医院开展学校健康管理的志愿服务工作，主要内容包括新生、教职工、离退休教职工体检，及疫苗接种等。

志愿服务活动集中于每学期中前，活动一般分为5期，每期对应一周工作日，每个工作日招募志愿者6名，年招募志愿者达300人次。北航红十字会为其设计相应的志愿项目与流程，召集志愿者，确保志愿活动的有序进行。例如北航校医院每学期均会在两校区开展持续半学期的教职工及离退休教职工体检工作，需配置相应的志愿服务活动，为前来体检的教职工打印体检表，并辅助医生量身高、测体重、测血压等。同时，北航红十字会也分别在每学年伊始和期中协助校医院开展新生及本研学生体检工作。

■ 红十字会成员进行体检辅助工作

北航红十字会的志愿者将红十字精神和志愿服务精神贯彻志愿服务活动始终，为校医院健康管理工作有序推进做出贡献，常常受到来自校医院医护及前来体检教职工的褒扬与认可。北航红十字会志愿者赫然成为北航校医院健康管理工作顺利推进的重要保障，印有红十字

的红马甲已然成为不可或缺的身影。

美丽蓉城梦，防艾健康行——防艾宣教志愿服务活动

我校是教育部高校艾滋病防控工作试点高校之一，长期以来，北航红十字会作为北航防艾事业推进的中坚力量，策划组织了一系列的防艾宣教活动。出于防艾宣教的工作需要，北航红十字会探索"志愿者×防艾"的宣教模式，在构建的北航高校防艾宣教框架下，招募防艾志愿者作为开展各项防艾宣教工作的主要人员，引导北航学子身体力行参与防艾事业，提高宣教效果，减缓防艾下沉阻力。

防艾宣教系列志愿服务活动体系分为宣传组、讲师团、执行组、机动组等职能组。宣传组的志愿者致力于微信推送的撰写排版，明信片、海报、宣传折页等宣传品的设计，以及各项活动现场的视频录制、照片拍摄等，是防艾宣教系列志愿服务活动的"窗口"。宣传组招募各项技能人才，在一定的主题下，为志愿者提供机会、创造条件将红丝带等元素融入设计中。宣传品设计、文案撰写的过程，实际上也是志愿者的技能、创意与知识相融的过程，这激励着志愿者在创作的过程中主动学习了解有关知识。讲师团的志愿者奔走于开展各类讲座、课程，通过讲授、互动宣传防艾知识和"友艾"精神，在接受培训与备课的过程中，讲师志愿者也得以主动学习诸多知识、技能，并将其迁移运用、融会贯通，使之得以成为自己的"一池水"去讲授。执行组和机动组则基于当前我国防艾事业发展环境与高校防艾现状，结合我校防艾宣教工作开展实际，策划执行防艾主题观影会、讲座等各项活动，将防艾工作落到实处。

北航红十字会积极探索高校防艾宣教的新模式，让志愿者作为首要宣教人，既确保了各项活动的顺利开展，又激发了同学们了解防艾有关知识的主动性，提高防艾与学生的交互效果，取

■ 红十字会成员送出红丝带进行防艾宣传

得较好的成绩。在2020年首都学雷锋志愿服务"五个100"先进典型推选活动中，北京航空航天大学"青春要爱不要艾"知艾防艾志愿服务项目入选"首都最佳志愿服务项目"，该项目也曾获评"北京航空航天大学十佳志愿服务项目"，得到了首都高校青春红丝带社团、中艾协等组织单位的支持与肯定。

有召必应，抗疫有我——坚守抗疫一线

新冠肺炎疫情暴发之初，北航红十字会积极响应号召，在落实学校防控工作对同学们的要求、保证自身和家人健康安全的前提下，依法科学有序组织疫情联防联控志愿服务活动，为打赢这场疫情防控的人民战争贡献力量。

在新冠肺炎疫情暴发之初，北航红十字会联合北京市范围内的36所高校红十字会，为湖北地区联合开展募捐活动，所累积募集资金超过12万，并悉数交由北京市红十字会。同时，北航红十字会倡议返乡成员积极向居住地所在社区报到，加入社区抗"疫"当中去，为疫情防控贡献力量。北航红十字会疫情联防联控志愿者的事迹也得到了"青年北航"公众号的专题报道。

三、未来展望

"人道、博爱、奉献"是红十字精神，"奉献、友爱、互助、进

■ 红十字会成员合影

步"是志愿服务精神，红马甲彰显红十字的颜色，也体现着志愿服务的本色，北航红十字会志愿服务队将红十字精神与志愿服务精神充分交融，让点点滴滴的"奉献"精神在北航校园内汇聚成浓浓大爱。北航红十字会志愿者已成为北航校园内志愿服务活动中不可或缺的力量，也正在努力将队伍打造成精良优秀的高校红十字志愿服务队，让红十字精神和志愿服务精神得以更好地传承与弘扬。

北航朝阳支教协会：
迎接朝阳，放飞希望

　　朝阳支教协会以"迎接朝阳，放飞希望"为口号，成立于2010年，是北京航空航天大学正规注册的公益类社团，现致力于改善流动儿童、留守儿童等弱势儿童群体的生活，提高他们的身体和心理素质。朝阳支教协会以支教活动为发展核心，同时发展多种其他相关的志愿服务项目，旨在多维度构建大学生志愿服务平台，在团委的领导下积极弘扬志愿服务精神，促进北航志愿服务发展。2020年底，朝阳支教获评共青团中央知行计划"榜样100"全国最佳大学生社团；2021年6月，社团星级提升为"四星"；2021年11月，社团精品项目"育暖航行"获评北航十佳志愿服务项目。

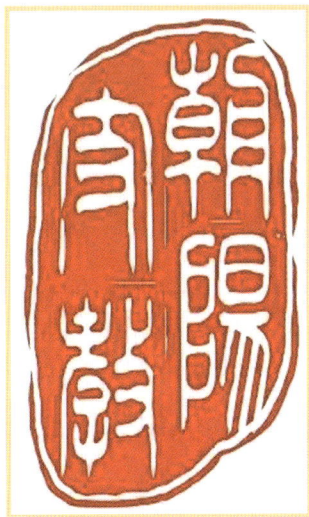

■ 朝阳支教协会 Logo

一、组织架构

朝阳支教协会由北航可靠性与系统工程学院指导，现设会长一名，执行会长（社长）一名，副社长三名，团支书一名，下设教学部、组织部、宣传部、办公室等部门。

其中教学部负责趣味课、直播课、线下课等精品项目统筹安排，课程设计、课程主讲等工作；组织部负责外场的组织与协调等工作；宣传部主要负责社团公众号运营，宣传海报、宣传折页制作，新闻稿撰写，文创制作，排版推送等工作；办公室负责课程统计与评价管理，文件的编写与管理，团队的工作统计，协助其他部门工作等。

二、精品项目

苗绘梦之蓝：夏夜蓝梦，携手苗绘

2018年4月，北航朝阳支教协会成立"苗绘梦之蓝"支教队。为了响应云南省昭通市彝良县政府对于大力实施教育扶贫的工作方向，北京航空航天大学朝阳支教协会与云南省昭通市彝良县洛旺苗族乡团委负责人联系，加入当地组织的洛旺苗族乡支教联盟中，并开展了为期半个月的暑期支教活动。

"苗绘梦之蓝"暑假支教队于2018年与2019年分别荣获北航校级优秀实践队三等奖与二等奖，并多次受到当地媒体采访报道，2021夏，我们的苗绘梦之蓝再启航，与新鲜血液共赴彩云之南。

支教地当地孩子多为苗族，家长常年外出打工情况突出。针对这一情况以及在不打扰小学正常教学进度的前提下，我们实践队设计了我们的课程内容，更注重日常生活中的行为习惯培养、价值观的正确引导和安全知识的讲解。

通过与北京慈弘基金会合作，培训过后，我们得到了他们支持的幸福课系列课程资源。幸福课的关注点在于课程之外，对孩子们身心健康、言行举止的培养，符合我们此次支教的方向。我们在系列幸福课之中选取了部分内容如：性知识、消防安全、提升自信心、与他人合作和独自在家怎么办等与当地孩子日常生活贴近的主题。

为了不干扰正常的教学进度，我们没有为同学们开展之后要学的内容，而转为这之外的第二课堂。第二课堂能够培养学生们的兴趣爱好，同时也能拓宽学生们的视野，让同学们去创新创造，将心里的想法表现出来。我们开展了写字课、体育课、武术课、绘画课（水粉画和刮画）、手工课（折纸和雪糕棍DIY）、动画课、音乐课（乐理课和合唱课）等。

由队员自发设计的课程，主要为简易小飞机、党史课程、古诗词学习。结合我们北航的特点，我们在全校开展了简易小飞机课程，通过买来的小飞机零部件，来让学生们动手拼接，了解飞机滑翔飞行的原理，感受放飞飞机时的快乐，培养同学们兴趣。另一部分，结合建党100周年的历史节点，让同学们了解党史文化成为我们此次实践的一大内容，同时在洛旺乡团委的指导下，我们实践队员学习了《少年中国说》，同时也将其加入课程内容当中，让同学们感受历史责任与使命，而在他们的认知里则转变为对未来的向往、职业的理想，让他们树立目标，坚持学习，不断努力，成长成才，回馈家乡，建设祖国。

■ 暑期支教开营仪式

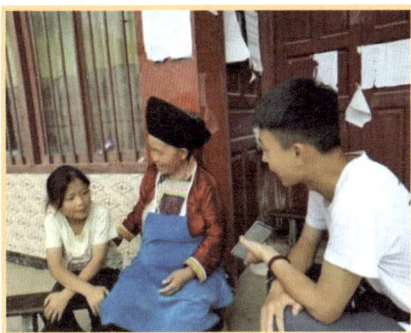

■ 支教队员开展家访

■ 暑期支教授课实景

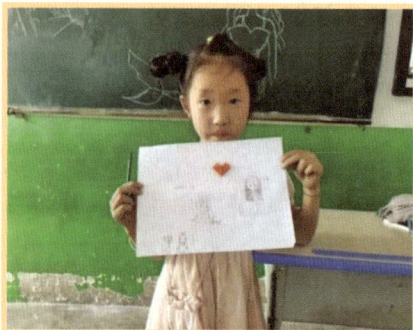

■ 孩子们在课后展示课程作品

■ 支教队员合影

育暖航行实践队：在希望与阳光中远航

育暖航行实践队，来自北京航空航天大学可靠性与系统工程学院，成立于2016年，致力于改善山西省中阳县乡镇教育、服务地方学生，身体力行参与北航乡村振兴工作。项目组曾组织实践队前往山西省中阳县，与当地小学联合举办暑期夏令营；同时走访当地文化产业基地和历史遗迹，瞻仰、传播当地珍贵的民俗与历史文化；设立教学组为黑龙江省漠河市的小学生们开授直播科普课；组织讲师前往北航附中进行支教经历分享……

五年如一日，育暖航行历久弥新。实践队今年继续发挥成员专业特长与优势及实践队文化要义，与中阳县北街小学联合举办2021年暑期夏令营，希望从科普、德育、文化体验等多重角度为学生带来有意义的假期生活；与此同时，实践队走访各类中阳文化产业基地和历史遗迹，瞻仰、传播当地珍贵的民俗、历史文化，邀请越来越多的外界人士关注乡村振兴事业。

调研方面，育暖航行实践队此次中阳实践来到了当地独具特色的剪纸文创基地，体验了关于剪纸、刺绣的民间文化。中阳剪纸是中国首批非物质文化遗产，更是中国剪纸成功申请世界非遗的发起人。在著名剪纸刺绣非遗传承人武小汾老师的带领讲解下，实践队成员初识中阳剪纸以及刺绣，便不禁沉醉于她的无穷魅力。机器总是刻板的，那样的花纹都是相似的，冰冷而没有灵魂。这里的作品正因是纯手工而独一无二，也正因是纯手工而永远有价值。

育暖航行项目组受市级、校级、院级表彰多次，曾受中阳县电视台以及北航校内的各大媒体平台采访宣传，是目前校级一流的志愿实践团队。

育暖航行趣味课：趣味课程，线上录制

育暖航行趣味课项目于2020年成立。根据2019和2020年的工作经验，育暖航行实践队发现小学生更乐于通过抖音、快手等短视频接受知识。故在2020年暑假，加之以疫情无法开展线下支教的原因，育暖航行实践队负责人陈瑞婕变更往年的工作模式，组建一支12人的实践队，首次以"趣味短视频"的形式开展线上支教项目。

经过对2020年暑期实践工作的反思与总结，育暖航行实践队负责人希望尝试一种更加有效且持续稳定的长期线上支教模式。育暖航行于2020年11月至12月，在朝阳支教协会内部招募志愿者讲师，组织筹备支教课程，每周一期，一期招募志愿者4～6人，共进行四期，录制了20节课程。课程质量尚可，初步证明了长期线上支教的可行性。

在2021年寒假社会实践中，实践队完善专属"育暖航行趣味课"微信公众号平台构建，分期发布视频介绍和观看链接。实践队将单节视频时长规定为5～10分钟，为所有视频添加了字幕，视频内容拓展至历史人文、地理生态、科学技术等多个领域，包罗万象且意义深远。项目组于2021年寒假的社会实践工作成果重点体现在视频资源储备扩大、线上支教体系完备两方面。2021年春季学期，育暖航行实践队拓

展管理组成员，实践队中陆续加入了许多新生力量，成员结构更加严密。在课程录制上，2021.3—2021.4之间项目招募志愿者两期，每期11人，录制课程22节。

■ 线上系列趣味课

今年暑期，实践队进一步扩大规模。线下实践队18人，将前往山西中阳北街小学支教。线上实践共有队员44人，其中管理员5人，支队长6人，讲师组28人，剪辑组8人，宣传组4人。按照安排，本次实践活动实行线上线下结合的教学形式，充分利用实践队的人员优势，力求教学资源可以发挥到最大限度的效用。讲师组成员根据自身兴趣与能力选择课题，通过与负责人的相关沟通与审核后，进行课程制作与教授，后期管理组成员会对课程进行评价与推荐，积累经验，实现课程的不断改进与创新，促进育暖航行趣味课的进一步发展。

2021年，实践队完成"育暖航行趣味课"微信公众号平台构建，分期发布视频介绍和观看链接，视频内容拓展至历史人文、地理生态、科学技术等多个领域，意义深远。2021年暑期，项目负责人姜岚曦带队前往山西省中阳县北街小学开始了新的旅程！

我和我的西部朋友们：携手走进支教故事

"我和我的西部朋友们"是由北航朝阳支教协会主办，北航研究生支教团协办的西部支教宣传活动。活动于2021年4月9日启动，经过志愿者筛选、集体备课等前期准备，朝阳支教协会、研支团共组成由陈瑞婕同学领队的8支讲师队伍，为北航附中初二同学带来一场别开生面的德育班会。

课堂上，志愿者们以北航22届研究生支教团队为蓝本，向北航附中同学讲述新疆、西藏、宁夏西部支教的感人经历。通过志愿者从西部带来视频、音频、照片等资料，附中学生真切地感受到东西部的生活差距，深刻体会到当地人民的不易。

■ 朝阳支教志愿者和北航研究生支教团合影

志愿者讲师用风趣的语言与附中同学们积极互动，同学们踊跃举手发言，课堂气氛活跃。有同学提问：作为一名初中生，如何能加入西部志愿服务的行列中。对此，志愿者指出：志愿服务不在大小，只要在生活中处处留心，志愿服务就在我们身边，捐出自己的旧衣服，捐出自己的旧读物都是对西部同胞的帮助。

在与志愿者的交流互动中，附中同学们纷纷表示："我们应该学习西部志愿者不畏艰险、勇担责任的精神，等我考上大学，我也要成为一名支教志愿者。"

■ "我和我的西部朋友们"宣讲活动

书香筑梦：捐一缕书香，献一片真情

2021年4月，我们开展了图书募捐活动，分别为山西省吕梁市中阳县、云南省昭通市彝良县、黑龙江省漠河市兴安镇小学生送去了春天的第一份礼物。这份礼物，承载着北航学子浓浓的爱。

学校在收到募捐的图书之后，为孩子们开设了"小小读书廊"和"小小读书室"。孩子们或是挤在椅子上挑选书本，或是席地而坐认真阅读。这是他们对读书的热爱，他们的眼里有了光……

■ 募捐图书送到孩子们手中

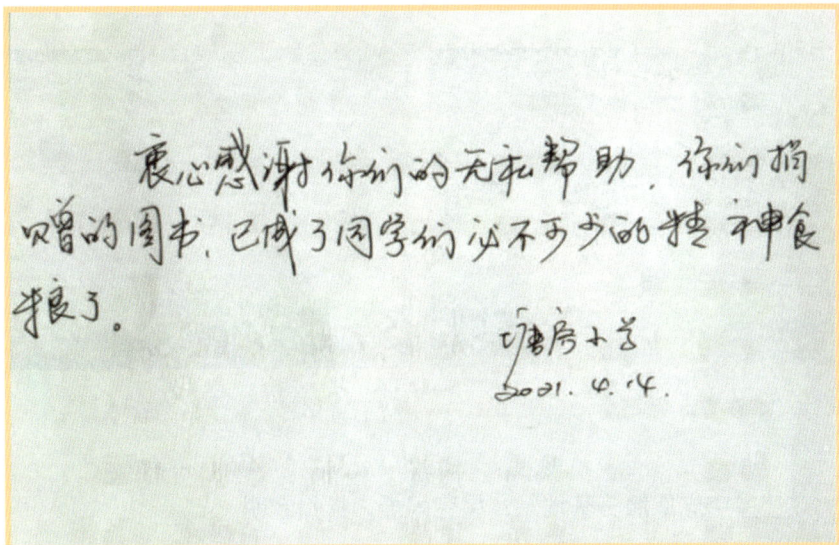

■ 受捐学校的感谢信

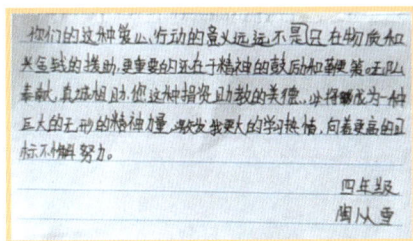

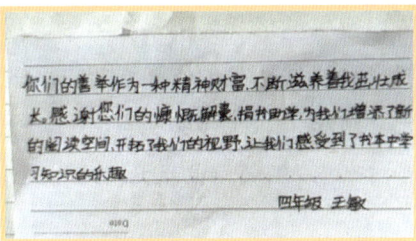

衷心感谢你们的无私帮助，你们捐赠的图书，已成了同学们必不可少的精神食粮了。

塘房小学
2021.6.14.

■ 受捐学生的感谢信

声音明信片：喂故事长大的山里娃

声音明信片是为乡村地区的寄宿、留守儿童开展的公益活动。这些孩子的家人因为种种原因而无法陪在他们身边。他们是祖国未来的花朵，可是从小就被孤独笼罩，有的不时遭受校园霸凌，有的甚至走上失眠、抑郁的道路。

志愿者们了解他们的情况以后，将自己的声音存入明信片上的二维码中传达给他们，帮助他们走出困境，让他们更加坚强与勇敢。

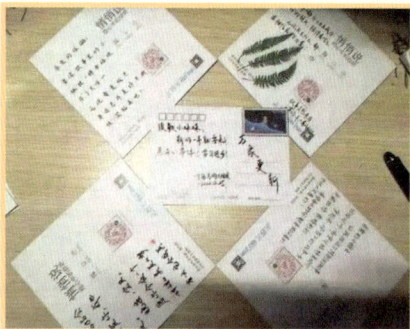

■ 声音明信片

"星空志愿服务基地"：星空闪烁，指引黎明

昌平二中星空志愿服务基地是士嘉书院与昌平二中的合作项目，旨在加强双方交流合作，充分发挥北航学科优势，引领北航大学生以志愿服务的形式为昌平二中学生提供基础的航空航天科普教学、试验指导及科技作品创作指导等方面的帮助。上一学年中，朝阳支教协会一共组织了六次志愿支教活动，不仅为北航在校学生提供了志愿服务平台，也为中小学教育献出了自己的力量。

■ 科普教学课堂实景

三、圆梦朝阳

　　未来，北航朝阳支教协会将在适应疫情防控常态化要求的同时，健全并发扬线上线下相结合的志愿服务模式，创新支教模式，改善支教效果，致力于赋能助力我国边远贫困地区基础教育事业；关注志愿者的服务体验，实现志愿服务的自我疗愈作用，弘扬志愿服务精神，促进北航和我国志愿服务发展；传承北航空天报国情怀，为达到"助人自助"的志愿服务理想不懈奋斗，迸发北航学子友爱奉献的青春活力。

北航关爱动物协会：
关爱生命，筑守家园

一、组织简介

北航关爱动物协会（以下简称动协）成立于2014年，前身为北航喵喵社，是校四星社团，现已有几百人加入协会并致力于校园动物保护工作。

动协秉持平等生命观，倡导人与自然、人与动物和谐共处。动协致力于营造一个人与动物和谐相处、有爱、温暖的校园环境，以更好地救助校园中的流浪动物、保护野生动物为出发点，宣传动物保护知识、改善校园流浪动物生存环境、控制流浪动物数量，并组织相应的宣传与实践活动。

■ 关爱动物协会 Logo

自2014年成立以来，动协一直把对小动物的救助、喂养、免疫、绝育、送养工作作为协会的主要任务，几年来已经救助并送养了许许多多的猫猫和狗狗。协会在两校区均有工作组织，协会同学也会时刻关注小动物们的基本动向和身体情况。同时，在每学期期末或第二学期开始时，动协都会推送"工作总结"，旨在向全校学生以及动协关注者们展示一学期的工作情况。除了校内的救助、养护外，动协也有许许多多的外联活动。比如担当首都爱护动物协会的志愿者、参与北京领养日活动、叛新生活动等。

社团宗旨：促进学校精神文明建设，汇集学生爱心。提升学生自

身综合素质，进行科学的动物保护宣传与实践。

二、组织架构

动协下设四大部门，分别是群护部、宣传部、外联部和财务部。各个部门又细分为多个小组，每个部门有一到两个主要负责人，部门间相互协作、分工配合，共同完成协会的各项工作。

群护部是最庞大的一个部门，主要负责校园内小动物的日常照顾活动。主要任务是定时定点对小动物进行投喂，对受伤的小动物进行救助、送医。

宣传部负责微信公众号的运营，主管协会视频图片资料的处理和对外宣传工作，同时也负责协会文创产品的制作。

外联部负责与外校乃至其他社会上的关爱动物组织进行联络，和其他社团进行合作，为协会拓展更多的资源。

财务部负责社团活动组织、赞助争取、资金募捐、文创收入汇总等工作，是协会的"小金库"，日常开销登记由财务部负责。协会平日的财务收入与支出情况都是公开透明的，财务部定期会将财务收支情况以推送的形式告知外界。

当然，四个部门也会相互合作，共同完成一些工作，例如小动物的送养工作，需要多个部门相互配合，共同完成。

三、爱在当下

心系生命，关爱动物——喂养、救助、送养动物实例

今日动协，在同学们的努力下，已经有了较为完善、成熟的部门分工和日常工作。动协秉承"德才兼备、知行合一"的校训，从创立至今，每学期都会救助许多校园内的小动物，并积极为适合送养的小动物寻找新的家园。以2021年秋季工作为例，动协成员救助了烤鸭、小玳、可爱狗狗小五、奶糖，送养了小H、圆圆。除此之外，在沙河和学院路校区干事们共计辅助绝育12只猫咪，有效控制了校园内流浪小动物的数量。

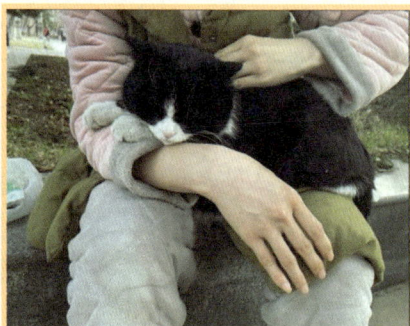

■ 救助校内流浪猫

定点投喂，为小猫咪送去"今日美食"——喂养校园内的常驻猫咪

自动协成立以来，小动物的喂养工作便提上了日程。为了保障校园常驻小动物每日都能享用标准的"美食"，动协每天都会安排同学定时定点前往喂养地点进行喂养工作。除此以外，为了确保粮食供应充足，动协定期会派协会内工作人员前往猫粮存放处进行检查。当发现剩余猫粮不足以支撑接下来的群护工作时，协会也会积极采购新的猫粮，并委派同学将猫粮转运至"小粮仓"。

群护部门在每学期内会定期招募志愿者，志愿者招募会在群内以问卷的形式进行。有意向成为志愿者的同学们，可以按照个人时间来填写问卷。动协会根据每个人的问卷来进行排班，并给予适量志愿时长。

除了协会的志愿者，也会有很多同学对校园内的小动物进行不定

■ 校内投喂地

期的投喂，但有些食物并不适合喂养，所以各位同学在投喂前请询问专业人士哦。

迅速响应，极速救助，生命安全记心中——救助校园内受伤的小动物

校园受伤小动物的救助活动也是协会工作的重中之重。无论小动物是生病还是受伤，协会的同学都会第一时间到达地点，尽快将小动物送至宠物医院就医。希望通过日常关怀，来挽救更多小生命，治愈更多小动物。

2021年1月23日，有同学发现学院路主楼的橘猫"楼长"受伤，协会的同学迅速赶到了现场，并将"楼长"送至"爱侣同行动物医院"（以下简称"爱侣"）进行救治，在爱侣的积极治疗下，"楼长"情况逐渐好转，直至2月初成功出院。

2021年3月31日，有很多同学反映奶牛猫"馆长"眼睛出现了较多的分泌物，协会同学将馆长送至宠物医院后，检查结果为角膜炎，开了新的眼药水，协会也定期安排同学给馆长上眼药水。

2021年5月28日，动协干事收到一位老师提供的信息，在学院路一地下车库内发现了两只受伤的小猫，在同学查看后，发现其中一只已经死亡。协会同学将死亡的小猫火化后，将另一只小猫送至医院治疗，并做了驱虫，很快便重获健康。

当然，除此之外，动协还进行了"小狸花救助闪击战"、奶牛

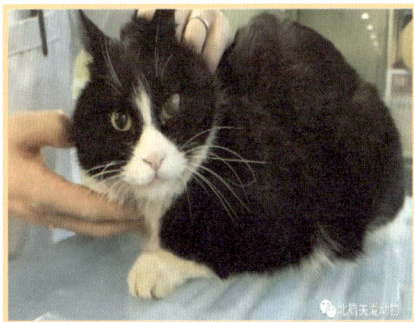

■ 将校内受伤猫咪送医救治

猫"黑桃"的送医治疗、大橘猫圆圆的救助等。当然，不仅仅在2021年，动协在每年都会救助很多的小动物。同时，协会的同学们也会记录下每一次救助，并将救助的小故事以推送的形式公开给大家。

筑起港湾，寻找温暖家园——为适合的小动物寻找领养

动协会为校园内的小动物打针驱虫，并办理相关手续，为适合送养的小动物寻找领养，参与"北京领养日"活动。在领养成功后，动协的同学们也会定期前往送养地点进行回访，跟进送养动物的生活情况。

在最近一年中，动协就送养了许多小动物。

动协为可爱的小天使"黑桃"治疗了身体疾病，并做了驱虫，报名参加了67届北京领养日，而后成功被一位小姐姐领养。在后期回访过程中，动协发现"黑桃"已经逐渐熟悉了这个新环境，并和当地居民在一起快乐地玩耍。

"圆圆"是一个可爱的大橘猫，10月31日被同学们发现以后，在动协的帮助下，圆圆先接受了驱虫和绝育，在经过一段时间筛选后，动协为其找到了适合的领养人，12月11日，圆圆来到了新家，并和主人相处融洽。

"鸳鸯"是一只拥有着异色瞳鸳鸯眼的白猫，2021年4月6日，协会将鸳鸯接到医院寄养，并为鸳鸯办理了一系列相关手续。同时，协会也在积极为鸳鸯寻找领养。在经过一系列坎坷的寻找后，协会终于找到了适合的一家，在6月份，鸳鸯被送至新的家庭，在一个月的相互磨合后，鸳鸯已经熟悉了新的环境，并开始了新的生活。

除了他们，还有小狸花"小H"、小橘猫"橘宝"、玳瑁猫"小玳"等。当然，除了猫猫外，协会也帮助小泰迪"臭臭"寻找主人、送养了"奶牛狗"小六、并在北京领养日中积极为狗狗"小五"寻找领养人。动协每学期都会为合适的小动物寻找合适的领养人，协会希望通过自己的努力，让更多流浪的小生命找到属于自己的家园！

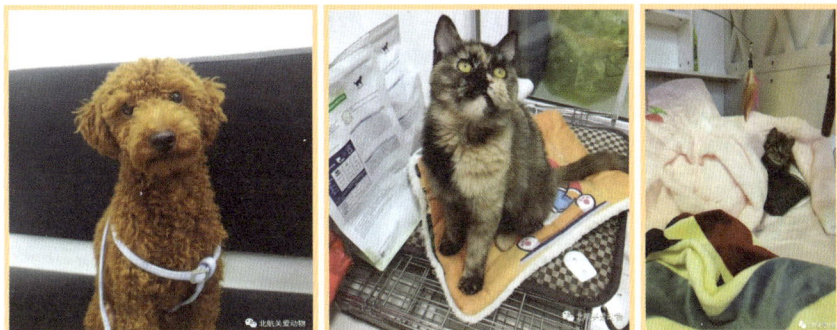

■ 被新家收养的小动物们

控制生育，控制流浪小动物的数量——绝育工作进行中

动协一直坚守初心，不放弃校园内每一位需要帮助的小动物。但是，随着"北航动物园"规模的扩大，流浪小动物的数量也不断增加。为了控制校园内流浪动物的数量，避免猫猫狗狗的数量无节制地增长，动协的同学们需要"捕捉"校园内的小动物，并将他们送到宠物医院进行绝育。

小动物的绝育工作是动物保护工作的重要一环。以猫咪为例，猫咪的生理构造与人类并不相同。发情和生育会带来巨大痛苦，还可能引起很多疾病。正如已经回到喵星的"奶糖"，在协会同学们将生病的"奶糖"送至宠物医院后，医生便指出，如果奶糖以前做过绝育，情况可能会好很多。

从2021年春季开始，动协陆续开始将的校园小动物送至宠物医院进行绝育。直至现在，绝育工作效果显著，目前记录在册的已绝育猫咪数量超过30只。

走出校园，服务更多流浪生命——外联活动

与校内活动相同，动协也十分注重外联活动。动物保护工作，不可"闭门造车"，要在关爱校园动物的同时，走出校园，在校园外的保护动物组织中贡献自己的力量。

每学期，动协都会组织志愿者同学前往校外进行外联活动。协会定期加入首都爱护动物协会中，担任高校志愿者；协会还参加北京领

■ 组织志愿者参与校外联谊活动

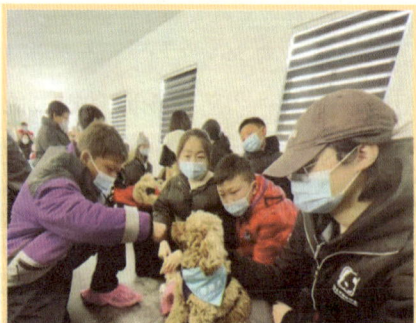

■ 首都爱护动物协会志愿者活动

养日活动，让更多流浪的小生命找到自己温暖的家园。

四、爱在未来

到2022年，动协已经为校园小动物服务了8年。回望过去，北航关爱动物协会结识了许多可爱的"小朋友"，同时也告别了很多"小伙伴"。在这几年里，动协的成员不断更替，但始终保持着初心，不断为校园内小生命送去最诚挚的关怀。协会近期正在制作特色文创产品，不久后，属于协会自己的文创产品就会上架到微信店铺中，进一步助力宣传关爱生命、保护动物的理念。

凡是过往，皆为序章。相信在今后的工作中，北航关爱动物协会能救助更多的小动物，会尽自己所能帮助更多小生命，让同学们和小动物们和谐相处，共同生活在校园内！

北航研究生支教团：
扎根西部，仰望星空

五地、六校、20人……一年的故事，一生来感悟。

■ 第22届、23届研究生支教团合影

北京航空航天大学自2002年加入共青团中央和教育部共同组织实施的"中国青年志愿者扶贫接力计划研究生支教团"项目，至今已派遣20批共260名志愿者赴西部贫困地区中小学，以坚守"志愿帮扶"和"实践育人"两个职能为出发点，扎实有序开展教育教学、第二课堂及公益扶贫工作，将特色鲜明的支教品牌打造成为北航学生参与社会实践和思政教育的生动课堂。特别是近年来，事迹曾被《人民日报》头版报道，大批项目及个人获全国、省部级等各类荣誉，引领作用突出，社会效应显著。

■ 北航研究生支教团组织与管理架构

一、务实主责，在扎根奉献中担当教育扶贫使命

边远贫困农村和少数民族地区要发展，教育是关键。地区偏远、交通不便、师资匮乏、家庭教育观念落后、几千名学生对知识迫切需求……这是支教志愿者亲历目睹的教育发展不均衡现状，东西部教育发展不平衡仍是当前存在的突出问题。

一年时间，初心矢志不渝。北航研究生支教团坚持把教育作为"阻断贫困传递"的重要抓手，担当教育教学主责，践行教育扶贫使命。近年来，20名志愿者整体任教山西中阳县第一中学、西藏山南市职业技术学校、宁夏泾源县新民中心小学、新疆吉木萨尔县第三小学、新疆吉木乃县初级中学、新疆吉木乃县直小学等6所学校30余个班级（至今累计

18所中小学），年度授课超一万课时，充分满足不同地区特色、学校学情和年龄年级教学需求，并依据学校实际和教育课程标准"全科"动态调整，承担班主任、德育处、教务处等岗位工作，以实际行动为中西部地区教育均衡发展提供师资保障。

一年时间，育人成效显著。从"新手教师"到"课堂达人"，从出发前的多维度覆盖、参与式培养，到初上讲台的悉心求教、努力提升。支教团全力填补师资缺口，汲取优质教学经验，探索优质教育理念。形成"学业、思政、心理"相结合的三维"教学+"模式，始终保证授课班级学业成绩稳步上升态势。近年来，以新疆吉木萨尔、新疆吉木乃、宁夏泾源等帮扶中小学为典型，连续取得全县第一、学区前五、年级第二、平均分提升20分等系列优异成绩，保证教授科目及格率、优秀率、进步率等指标持平其甚至超越当地一线教师，支教团近1/3均获评县级、校级优秀教师等称号。同时针对不同校情学情，近年来在中阳、山南、吉木乃等地组织专业规划、学习备考、励志成才等系列专题讲座近10场，年度覆盖学生近1500人。

■ 参与当地一线教育教学情况

二、全面育人，在第二课堂中厚植空天报国情怀

以学科优势为依托，是支教团开展第二课堂工作的重要主线。让更多的青少年心怀科学梦想、树立创新志向，是支教团始终努力践行担当的目标追求。

一年时间，打造科学文化。近年来，支教团入选青少年STEM教育计划科教支教团项目（全国25所），指导学生科技社团，成立机器人等科学类兴趣小组，形成"科教1+1"模式。不论是主题丰富的专业知识，还是协同开展"教授进中学"主题讲座；不论是月地三球仪、太阳能汽车等动手制作，还是依托"冯如杯""挑战杯"等优质双创资源，学生航模队、宇航协会等社团组织。一系列科普活动深受当地师生喜爱，受到《吕梁日报》、中国青年网等多方报道，成为支教品牌的新课堂、新名片。

一年时间，空天精神相传。亲手做航模、亲手"发火箭"，2020年度邀请嫦娥五号副总设计师彭兢等优秀校友开展讲座，打造航空航天文化展示区，国家重点实验室云参观VRLab体验、"北航四号"探空火箭案例讲述、航空航天科普讲团远程授课……支教团在长期探索中，坚持于岗位服务中加入北航特色，形成了以航空航天为核心的系列科普活动传统，年度十余场航空航天特色拓展活动圆满开展，带动西部与北航形成科普基地育人通道。在孩子们心中，"长征""神舟""天宫""嫦娥""北斗"等词汇已经不是遥不可及的话题，"空天报国、敢为

■ 开展系列航空航天主题科普活动

人先"的北航精神正随着支教团的足迹播撒得更广更远。

三、桥梁帮扶，在创新实践中开拓资源连通渠道

北航研究生支教团联络企业、组织等建立资源平台与西部地区的链接，以枢纽作用凝聚多元社会力量，助力西部事业发展。

一年时间，温暖始终相伴。近年来，"情系六盘山区"等多类公益活动累计数十万元，支持当地育人扶贫工作。发起"你的心愿我来圆"活动，达成西部乡村小学贫困学子新年心愿礼物超1000份；开展"航予新愿"图书募集，调动1000余本书籍捐赠；依托团队奖助学金、拉动企业支持等2万元，无偿捐赠新疆吉木萨尔县第三小学全学科科学课程器材；联络社会公益组织，资助乡村小学全校所有班级图书角建设；收到校内外文具用品、模型实物、文化服装等大批物资；组织"纸短情长·心系西藏"书信活动等，牵引教育资源、物质支持和人文关怀，培根铸魂，启智润心。

一年时间，关怀辅导接力。近年来，支教团开展"青春志愿行，共筑中国梦"——关爱留守儿童等系列活动，积极配合当地教育部门探索促进现代山区儿童身心健康发展和提高学生知识技能的新方法。通过调研、家访等深入了解学生的家庭情况、学习情况、心理状况等，促进城乡教育均衡发展，丰富农村未成年人的精神文化生活，逐步完善完备高质量、均衡性素质教育体系。同时开通北航亲情热线，针对性制定关爱留守儿童主题课程，涵盖安全教育、心理教育、亲子关系等内容，并形成数十本访问实录和调研报告，指导帮扶工作。

一年时间，平台不断开拓。充分总结经验做法，支教团入选青年志愿者"助力乡村学校少年宫建设"，组织民法典、航空航天宣讲团等系列关怀辅导，共建"北航—泾源"大学生社会实践基地，按计划开展多场北京游学活动、科普创新实践活动，逐步组织多批次学生团队奔赴各服务地。2021年，两支分队获评第七届中国国际"互联网+"大学生创新创业大赛"青年红色筑梦之旅"北京赛区三等奖，进一步实现校地资源的有机结合和优化配置，辐射支教团在教育扶贫和乡村振兴上的功能作用。

■ 发起多维度公益帮扶项目

四、融入时代，在接力传承中续写青春奋斗华章

大有可为，也应大有作为。在虽平凡但无悔的事业中努力做出应有的贡献，需要一代代青年接续奋斗。

一年时间，时代机遇伟大。支教团作为传承红色基因的资源桥梁，每年度依托党员模范性和团组织动员力，以"团队自身"和"服务地区"为双线抓手，开展理论知识学习、参观党史文化展馆、考察革命老区、下乡走访脱贫成效，年度参与七彩假期、环境保护、关怀辅导等20余项实践工作，始终以思想精神引领贯穿服务工作，学习热议情况受《新闻联播》关注。在服务学校组建学生国旗护卫队、开展思政文化月，牵头组织上党课、做实践、讲故事、唱红歌等系列活动，受到CETV-1、海外网、中国网、中国青年网等多方关注报道，厚植家国情怀，欢庆百年华诞。

一年时间，收获青春回忆。与学生的一年，朝夕相伴的嬉笑怒骂中，一声声稚嫩纯真的"老师好"，一句句"我要考北航""我要去北京"的坚定话语、一份份用心满满的离别礼物……成为服务西部才能感受到的专属印记。一年的满载收获，也将成为学校强化思政教育、提升工作能力、储备青年人才的有效渠道，在培养社会责任和服务担当方面具有不可替代的锻炼长效性。返校后的志愿者超六成担任半脱产辅导员等学生干部，超三成为重大志愿活动骨干，大批毕业成员继续从事教育事业、行政管理工作，支教一年，自教一生，永葆初心，不负成长。

历届北航研究生支教团人数（2003-2022）

■ 北航研究生支教团历届人数情况

新时代呼唤新思考，新征程当有新作为。自2002年以来，属于北航的支教故事已经传承书写了20年。260名志愿者立足西部，传道授业，积极开展志愿支教和扶贫工作，留下一大批特色传统和感人故事，激励着更多青年学子在祖国西部广阔的舞台上丰富阅历、磨炼意志、增长才干。

一届届研究生支教团接力启航，青春奋斗的故事，仍在继续书写……

北航冬奥志愿服务队：
冬奥同航，共创未来

2022年4月8日上午，北京冬奥会、冬残奥会总结表彰大会在人民大会堂隆重举行，习近平总书记在讲话中指出，北京冬奥会、冬残奥会广大参与者在冬奥申办、筹办、举办的过程中，共同创造了胸怀大局、自信开放、迎难而上、追求卓越、共创未来的北京冬奥精神。

■ 北航冬奥志愿者团队

在志愿保障任务中，北京航空航天大学作为延庆场馆群运行团队牵头高校和国家高山滑雪中心主责高校，选拔428名师生组成志愿者团队，志愿保障工作圆满，服务表现精彩出色。其中，志愿者李海涛获评"北京冬奥会、冬残奥会突出贡献个人"；志愿者张颜作为6位代表之一登上冬残奥会闭幕式；团队获评北京市先进集体、工信部"先进集体"、北京市青年突击队等各项荣誉称号。

■ 志愿者李海涛获评"北京冬奥会、冬残奥会突出贡献个人"

一、高度重视：自上而下高效响应、严密工作体系

学校将冬奥会志愿者筹备保障作为全年重点工作，自上而下第一时间转入冬奥时态。

一是高效率响应。自冬奥会志愿工作启动以来，北航始终密切关注、高度重视，成立了由书记、校长任组长的冬奥会志愿者工作领导小组，由分管校领导任组长的冬奥会志愿服务工作专组，组建北航—延庆场馆群运行团队，积极推进各项工作开展。

二是大力度动员。启动志愿者报名工作以来，全校联动推广冬奥冰雪文化。时任校党委书记曹淑敏在"新生开学第一课"中带头进行报名动员，学校通过两次北京冬奥宣讲团专场宣讲、打造校园网冬奥专题板块、学院主题党团日活动等多维度充分宣传。经多轮次报名，完成共计4553名师生注册申请，党团员比例达96%。

三是全流程把关。学校始终将"关注、关心、关怀"贯穿志愿工作筹备全过程。北京市委常委、市委教育工委书记夏林茂，时任北京航空航天大学校长徐惠彬院士、副校长张广一行组织志愿者场馆踏

勘，并牵头校内相关部处开展志愿者保障工作交流座谈会；校党委副书记程波四次前往延庆赛区商议具体工作，累计组织十余次场地踏勘活动，确保各项节点任务有序推进。

■ 北航冬奥志愿者出征仪式暨培训动员大会

四是成体系组织。学校成立"一轨三星"志愿服务工作运行指挥体系。由北航冬奥工作领导小组统筹整体工作，各学院设置二级工作领导小组；同时依据职能下设9个工作专班小组，分别负责综合协调、激励保障、后勤保障、宣传推广、新闻报道、培训动员、党团建设、驻地安保、心理教育工作，形成2.6万余字的《北京航空航天大学2022年冬奥会志愿服务工作方案汇编》。依据志愿岗位分布，下设27个岗位执行工作组，"团队一盘棋"，实行组长负责制，落实组内信息收集报送、传达反馈等链条式工作。

二、全面准备：多维考量优中选优，培训提升素养

为做好北京冬奥服务保障工作，学校高度重视志愿者选拔培训工作。严格标准，精心选拔。学校自2020年启动志愿者选拔工作，形成

二级志愿者储备体系，通过学院、学校、冬奥组委多级面试及心理状况测评等考核，最终从4553位报名师生中遴选出确定428名志愿者，其中包含正式志愿者、储备志愿者及机动志愿者三层管理模式，为志愿工作开展打下良好基础。

点面结合，全面培训。为促进冬奥志愿服务专业化，打造"高效、高智、高能"志愿者队伍。学校组织北京冬奥宣讲团专场宣讲、打造校园网冬奥专题板块、学院主题党团日活动等营造冬奥氛围，确保全员完成冬奥组委ikm培训课程，开展防疫、急救、心理等行前专题培训。同时，协同邀请场馆业务领域经理，组织三批志愿者赴国家高山滑雪中心和阪泉综合服务中心进行踏勘培训，实地熟悉区域分布和流线设置，了解和体验岗位工作内容。市委常委、市委教育工委书记夏林茂、时任北京航空航天大学校长徐惠彬院士、副校长张广、党委副书记程波等亲自带队看望志愿者骨干，切实加强行前动员。

三、亮眼表现：倾情坚守热情专业，展现青春名片

北航428名志愿者分布国家高山滑雪中心、阪泉综合服务中心、国家雪车雪橇中心、延庆场馆群指挥部、各签约住宿酒店及交通设施随

■ 国际奥委会主席巴赫访问国家高山滑雪中心，北航志愿者制作并赠送虎头剪纸

车等各业务领域34个岗位，连续在岗50天，整体闭环管理70余天，服务12万小时，获各级一致好评。

执着坚守，志愿者不畏严寒凝聚冬日温暖。北航志愿团队主责服务的国家高山滑雪中心是海拔最高、气温最低、占地最广、参赛国最多、服务时间跨度最长的比赛场馆，自然条件非常艰苦，工作挑战非常大。北航志愿者不畏严寒挑战，勇担急难险重，团结齐心、密切配合，核心枢纽志愿者主动请愿站岗到凌晨3点，送走最后一批晚归的观众；交通志愿者在大风恶劣天气下主动留

■ 北航冬奥志愿者进行引导服务

守引导，临危请缨解决拥堵；缆车志愿者最早凌晨4:30出发，"一人未离，我便在岗"，全天守候担当高山"咽喉命脉"守护员；公共卫生志愿者日出时分登上海拔2198米山顶检查水质条件；风雪中睫毛结冰、脸庞冻红、手掌开裂、鼻梁勒伤、衣服打湿……考验艰巨、环境艰苦，但志愿者们汇聚每个平凡岗位的点点微光，为冬奥盛会的基础保障贡献青春力量。

热情友善，志愿者青春活力递上亮丽名片。北航志愿者用昂扬的精神风貌，向世界递上热情温暖的青春名片。赛事服务志愿者严格观赛流线，累计保障18个比赛日，接待观众近2000人次，攀登台阶400余万级；礼宾志愿者悉心接待，自发设计传统文化礼品赠送来访贵宾，让国际奥委会主席巴赫、国际残奥委会主席帕森斯等连连称赞……北航志愿者近20人多个镜头登上闭幕式致敬短片，志愿者张颜作为6名志愿者代表之一，登上冬残奥会闭幕式舞台接受致谢。

化解复杂，志愿者勇担重任保障平稳运行。高山滑雪作为世界上复杂程度最高、组织难度最大的竞赛项目之一，对场馆运行保障提出

■ 志愿者张颜登上冬残奥闭幕式，作为 6 位代表之一接受致谢

更高要求。天气条件带来的赛事安排不确定性极强，延期推迟、频繁转场等突发复杂因素为志愿服务保障团队带来艰巨考验：场馆管理志愿者及时信息传达，高峰时连续工作超12小时，一个频道一分钟内处理3条消息；技术志愿者穿梭场馆8个办公室，累计保障2000余份竞赛报告分发……所有业务领域又快又准、密切配合，助力每一项赛事完美运行。

■ 北航冬奥志愿者与"冰墩墩"合影

细致专业，志愿者学以致用赋能岗位工作。各领域志愿者将个人专业素养与岗位工作需求相结合，依托专业知识极大提升工作效率。场馆通信中心志愿者自发编写200行程序代码，自动统计可视化信息

流量，将耗时50分钟的数据统计缩短至5分钟；公共卫生志愿者利用化学、生物知识，科学选择不同配比的医用酒精、季铵盐和含氯消毒剂作业，精准助力一万多平方米场馆的消杀检查；残奥转换期间，志愿者开展沉浸式培训，通过亲身体验、模拟实操和对比感受，围绕轮椅推行、视障人士引导等服务事项开展学习，坚持在服务中实践进步，为保障赛事有序运行提供专业支撑。

四、温暖护航：定制专属关心激励，贴心周到保障

学校有力发挥"一轨三星"指挥体系职能，做到志愿者全员全过程个性化关注，确保提供暖心、细心、贴心激励保障。

一是点面结合，定制个性激励。学校努力做好馆校联动，牵头设计采购、制作发放包括北航定制围巾、保暖背心、充电宝等专属激励物资和生活保障物资50余种共计两万余件。结合不同领域特别是户外工作岗位，依托高校优势研发仿生防结雾眼镜夹片，低能高效地实现防雾防结霜功能等。除此之外，协调学工、教务、后勤、心理等各职能部门，对于志愿者学业、工作、生活等个性问题，做好指导帮扶、排忧解困。全校各学院建立定点关心关爱小组，启动"学业护航"计划，制订"一人一策"学业支持方案，为志愿者解决各类学业和生活需求；学校积极心理体验中心组建专门团队，聚焦冬奥志愿者心理健康培训、监测、辅导、沟通等。

二是关心关爱，重视人文关怀。学校将师生沟通、家校联动纳入暖心保障机制，特别准备《致北京航空航天大学冬奥会志愿者家长的一封信》和428份冬奥定制新春礼包，寄送到

■ 北航冬奥志愿者开展新春联欢系列活动

家长手中；全校40个学院个性配置羊毛袜、养生茶、唇膏、护手霜等"冬奥暖心包"，同时组织开展座谈慰问等系列行前；两校区食堂协调提供志愿者出征团圆饭、集体生日会；校医院协调配备志愿者健康药品、防疫物资；校工会准备春节祝福礼包，赠送冬奥专班教职员工家属等。

三是紧扣结点，营造节日氛围。为最大程度在漫长的服务周期中维持志愿者群体的新鲜感和参与度，学校在除夕、大年初一、开幕式、元宵节等重大时间节点，在场馆和驻地组织写春联、送贺卡、猜灯谜等各项主题活动十余项，将"迎进来"与"送

CCTV 5 体育　直播

创造一个美好的世界
Create a wonderful world

■ 北航志愿者镜头登上冬奥会闭幕式短片

出去"有效结合，确保温暖和祝福抵达每个岗位、每个宿舍、每名学生，实现全方位、多维度志愿者全覆盖。

四是文化交融，切实以文化人。北航与场馆和驻地实现有效联动。发起7天光盘打卡、摄影展示、征文比赛等十余种文化活动，组织志愿者积极参与驻地文化建设，如春联写作、窗花制作、非遗文化体验、插画艺术体验等，积极开展驻地"涂鸦墙"创作、驻地漫画宣传册制作等工作，助力驻地宣传文化；与延庆赛区兄弟高校和驻地专班一道，积极筹划"广场舞""K歌台""健美操"等丰富的驻地业余活动。

五是联动榜样，碰撞思想火花。冬奥会志愿服务期间，学校组织多项志愿者连线交流活动，如与北京冬奥会火炬手、中国工程院院士、北京航空航天大学苏东林教授连线，分享冰雪故事与对冬奥精神的感悟；举办志愿者与北航NTO——电子信息工程学院史晓峰老师、体育部孙晓川老师等进行面对面交流，激励志愿者克服困难、坚韧服

务；组织志愿者代表与中国国家高山滑雪队、残奥国家队等连线，零距离感受运动员顽强拼搏、追求卓越的精神。

六是科学监测，保障心理健康。学校特别成立志愿者心理健康教育及危机干预工作领导小组，统筹督促学校相关部门及单位有效协作，结合志愿者心理普查结构建立志愿者"心理电子档案"及"学校—学院（书院）—奥运场馆—志愿者小组"四级预警系统，做到一人一档，每日监测更新。校积极心理体验中心成立了冬奥会志愿者心理援助工作团队，在冬奥期间通过问卷等形式开展四次冬奥会志愿者心理状况评估工作和三场场心理团体辅导活动，开展6次心理团体辅导并全程开通咨询专线，保证全体志愿者在需要时可以得到最及时的心理关怀和帮助。

五、党团建设：提高站位统一思想，示范引领带动

为增加志愿者团队组织性，学校成立北京航空航天大学冬奥志愿服务队第一、第二、第三临时党支部，以党支部为战斗堡垒组织志愿者做好党团组织和思想建设工作。

一是统一思想，凝心聚力。各支部在冬奥会开幕、闭幕等时间节点组织红色冬奥主题党课，由优秀党员志愿者分享服务工作心得体会。为建设冰雪冬奥思政课堂，学校向全体团员、群众志愿者发出倡议，累计11名同学在志愿服务岗位上递交入党申请书。在冬奥会和冬残奥会转换期，学校组织党员进行观影、讨论，让大批红色经典影片成为思政教育的生动教材，教育引导广大师生进一步树立远大理想，

■ 北航冬奥志愿者开展系列党团活动

坚定崇高信念，推动党史学习教育入脑入心。

二是选树榜样，先锋引领。为在广大冬奥会和冬残奥会志愿者中培育和践行社会主义核心价值观，弘扬"奉献、友爱、互助、进步"的志愿精神，发挥优秀志愿者典型的示范引领作用，学校协调各场馆制定了《北京2022年冬奥会和冬残奥会志愿者奖惩办法》，每周评选"志愿之星"，并在每期志愿日报进行报道，充分发挥榜样引领带动作用。

六、宣传推广：讲述冬奥同航故事，持续平台发声

学校构建"青年北航—北航官微—主流媒体"三级宣传格局。宣传组团队分组对接各业务领域，每日深入一线采写志愿者风采，与志愿者一对一交流获取一手志愿故事，通过"三级三面"体系持续发声，形成系列亮点，取得显著成效。

一是"一线一手"发声，"三级三面"讲述。服务期间，宣传团队完成精品制作24期冬奥志愿日报和13期冬残奥志愿日报，推出新闻、岗位巡礼、志愿之星、志愿心语等100余篇。校团委官方微信公众号"青年北航"全覆盖展示志愿人物，持续发布30余期"冬奥同航"岗位巡礼，覆盖北航428名志愿者34个岗位，阶段阅读量近4万次。北航官微深入关键节点刻画志愿群像，围绕前期踏勘、集结出征、火

■《央视新闻》报道

奉献同航

——做好新时代北航青年志愿服务先锋队

炬传递、冬奥开幕、科技助奥、巴赫来访、冬奥闭幕等7项关键事件，推出系列推送展示北航志愿者风采，阅读量累计超过20万。截至冬奥会闭幕，我校在新华社、中央电视台、《光明日报》、北京2022年冬奥会官方网站、《北京日报》等重点媒体刊（播）发正面报道230余篇（次）。

二是特色文创设计，传播冬奥文化。宣传团队融合学校、国家高山滑雪中心及冬奥特色，自主设计两套冬奥宣传文创产品："航小奥"将冬奥元素、冰雪元素、北航元素与志愿者精神融为一体，并设计系列主题文创周边，赠送全校428名冬奥志愿者，让志愿者在每个环节感受学校专属印记；"高山同心"融合国家高山滑雪中心各来源单位核心元素、高山滑雪运动元素，通过环形视角图形进行展示，象征着各来源高校、单位及社会来源的所有高山志愿者形成团结的志愿者大家庭。以"航小奥""高山同心"两者为基础，宣传团队设计场馆宣传品、志愿者工作手册、节日纪念品三个大类26个款式，覆盖延庆赛区500余名志愿者，不断提升"冬奥浓度"，讲好冬奥故事，让冬奥与北航志愿者获得更深联结感。

三是定格动人画面，树立精神灯塔。北航冬奥宣传团队用视频与文字记录了志愿者的奉献与成长，为每一位冬奥亲历者留下一笔精神遗产。志愿者系列文稿、多篇优质vlog等成为顶流，登上央视新闻、北京卫视等各大媒体平台，专属微笑定格、专属工作照片等不断传播冬奥文化，深化志愿理念、成就志愿价值。

七、精神传扬：成立冬奥宣讲团，上好冰雪思政大课

从冰雪寒冬到春暖花开，冬奥旅程圆满收官、冬奥精神接续传承、冬奥遗产历久弥新。为深入贯彻习近平总书记在北京冬奥会、冬残奥会总结表彰大会上的重要讲话精神，进一步讲好冬奥故事，学校成立北京航空航天大学冬奥宣讲团，近40名成员围绕"筑梦冰雪""强国有我""同心坚守""天下大同""情暖冬奥""志愿同航"六大主题，广泛开展主题宣讲，覆盖大中小幼党团支部及思政课

堂等，宣传服务保障冬奥事迹，弘扬北京冬奥精神，广泛传播冬奥文化，鼓舞全校师生将北京冬奥精神转化为宝贵动力，勇担时代使命，保持昂扬奋进，在实现中华民族伟大复兴的中国梦的征程中做出更多北航贡献。

■ 党委书记赵长禄为北航冬奥宣讲团授旗

七十载空天报国，新时代逐梦一流。冬奥的终点，汇成奋斗航程新起点，空天报国的新征程上，踔厉奋发，笃行不怠，北航，与祖国，与时代，一起向未来！

第四篇

榜样闪光　精神领航

李帅帅：擦亮金名片，奉献新时代

习近平总书记强调，"志愿者事业要同'两个一百年'奋斗目标、同建设社会主义现代化国家同行"。李帅帅自2016年入学以来，在扶危济困、恤病助残、大型赛会、专业帮扶等方面一直践行"奉献、友爱、互助、进步"的志愿服务精神，擦亮志愿者这张首都金名片，奉献于伟大新时代。

■ 李帅帅参与国庆 70 周年庆祝大会志愿服务工作

一、赤脚红心，乡村振兴

他结合生物医学工程专业特色创立"赤脚红心"品牌，不同于其他"三下乡"关注"三村问题"中的乡村干部和教师，他们将聚光灯打在乡村家庭医生身上；以"乡村振兴视角下家庭医生对病贫群体的全过程作用调查及对策分析"为题，连续两年四次带领同学参加全国大中专学生志愿者"三下乡"活动中"卫生下乡"环节，在山东、山西、河南、宁夏、云南等地的卫生下乡中为农村病贫群体带去了"温暖衣冬"衣物、控盐勺等，鼓励他们健康生活。获得包括2018年全国大中专学生志愿者暑期"三下乡"社会实践"镜头中的三下乡"优秀摄影奖在内的5项国家级、7项省部级等二十余项荣誉；他撰写的相关文章

■ 李帅帅参与亚洲文明对话大会志愿服务工作

发布于学校共青团，被北京卫视、人民网等二十余家媒体平台报道。荣誉与报道不仅是社会大众对下乡志愿实践的认可与关注，更是对团队成员不断成长升华的鞭策——他在下乡过程中充分发挥志愿育人的引导作用，鼓励队员将眼前所见化作奋斗动力，从点滴小事开始发扬志愿精神，并进一步将志愿精神由小及大、奉献社会、帮助他人，团队中涌现出一批以捐献造血干细胞的赫采同学为代表的优秀志愿者。

二、脚踏实地，胸怀华夏

从乡村回到城市，他参加了2019年北航服务保障"1+3+1"中的多项志愿服务（第二届"一带一路"国际合作高峰论坛、亚洲文明对话大会、庆祝中华人民共和国成立70周年大会、第十六届"挑战杯"全国大学生课外学术科技作品竞赛）以及庆祝中国共产党成立100周年大会等重大活动。

　　在庆祝中华人民共和国成立70周年大会中，他担任了天安门广场观礼台上志愿者负责人——相关志愿者共有18万人，而最终成为台上志愿者负责人的只有8位。台上志愿者主要负责观礼嘉宾的引导与互动，其中互动环节包括带领观礼嘉宾鼓掌、摇旗、欢呼、唱歌等，是70周年新增的内容。志愿者们的激情虽然没有接近城楼的方阵那么高涨，但是要做到用歌声去带动观众的情绪和气氛，吸引更多的观众去唱出心中的情感。它看似简单，却关系到现场画面与气氛的欢愉，更透过画面关系到世界看到怎样的中国。因此，互动志愿者肩负着时代责任下的重托。而也是由于互动环节为新增，演练时间又在后半夜，对于这个环节大家都是"摸着石头过河"。他作为志愿者负责人也与指挥部进行及时有效的沟通，不断改进志愿服务工作的方式方法。由于长时间在寒冷的深夜用嗓，9月22日第三次演练退场时，他的嗓子完全哑了，一句话也说不出来，但依然没有停止训练，在积极治疗的同时组织练习互动曲目的表情欢愉与肢体活泼，以使得正式活动当天的气氛能够更加地感染观礼嘉宾。由于北航志愿者们的共同努力，登上观礼台服务的名额临时由11名增加至39名，占总体的1/5（建党100周年时在观礼台上比例又进一步上升至约2/7），新增的名额是激励，更是鞭策。接到通知，作为技能培训讲师的他，为新增互动志愿者提供了简明、专业、实用的临时培训，帮助他们尽快熟悉业务。专业的培训、反复的练习、伤病的坚持、战友的鼓励——一切只为做到"精益求精，万无一失"！10月1日当天，当稚嫩的童声响起，战机翱翔广场上空，关键抉择方阵走来，志愿者们带领着观礼嘉宾挥舞国旗、欢呼呐喊，向世界展现着新时代青春活力的中国。圆满完成服务保障工作，他作为志愿者代表被评为先进个人，但他深知，一个人的力量是有限的，只有将点滴涓流汇入江河海洋中，点亮更多青年的志愿蓝，才能真正形成奉献新时代的有机力量。他作为党支部书记，主动通过"学习日"向同学们传播志愿者的奉献精神，所思所悟被学习强国、学校共青团等媒体平台报道；参加服务保障国庆70周年庆祝活动宣讲团，他向四川高校的小伙伴们分享了有泪有笑的奋斗历程。

　　硕士研究生期间，他又报名参加了庆祝中国共产党成立100周年大会志愿者，作为为数不多同时参与了庆祝中华人民共和国成立70周年大会和庆祝中国共产党成立100周年大会，并且两次作为负责人的志愿者，他积极发挥传帮带作用，主动向首次参与情绪引导的志愿者传授经验、分享体会，有效地带动了大家工作的积极性。获得了2021年研究生校长奖学金之"年度公益人物"。

■ 李帅帅参与第二届"一带一路"国际合作高峰论坛志愿服务工作

三、展望寰宇，助力教育

　　他为同学志愿答疑解惑，向航天爱好者们播撒太空梦想的种子。连续三年作为"月宫一号"团队开设的"太空生存"课程助教，担任本科课程"走近月宫一号""太空生存"助教，服务全球各地两万余名学员，热心科学普及，吸引大众关注航天事业，撰写《中国大百科全书》中空间生命科学相关词条3条；面向国际学生主讲汉语桥"飞翔汉语·点亮梦想"线上冬令营答疑课程两次。

　　都说"志愿者的微笑是最好的名片"，在未来，他将继续擦亮这张金名片，奉献于新时代。广阔天地，大有可为。

四、感悟心声

令我印象最深刻的是国庆七十周年的观礼台志愿服务，非常荣幸能够得到党和国家的信任，能够有这样宝贵的机会，能够和观礼嘉宾们一起在台上互动。而在我们的工作内容中，重中之重的就是在群众游行环节的唱歌。这相对于做嘉宾搀扶、检票进场等等工作而言技术难度上了一个台阶。

2019年国庆前夕，大家在唱《我和我的祖国》，都说记忆非常深刻，而对于我们互动志愿者来说，整个群众游行要唱的10首，乃至需要互动的20余首歌单，我们都熟记于心。反复循环努力练习的歌单也让我们真正静下来去听，去感受，去了解那段历史，作为一个微观的个体去跟宏观的国家产生强烈的共鸣。老一辈《歌唱祖国》中"我们战胜了多少苦难，才得到今天的解放"，对于今日之中国依然适用；《我们都是追梦人》中，"你追我赶，风起云涌春潮"刻画了几十年来前赴后继的青年人，更描绘了我们现实的蓝图。"日有所练，夜有所梦。"那两天做梦也是练习，十一的前夕，整晚都在做同样的梦，以至于聊天群里"晚安"都不叫"晚安"，叫"国庆70周年第七次全流程演练梦中即将开始"。有一天我去看了《我和我的祖国》的超前点映，于是那晚的演练就变成了梦回开国大典，激动之余还有一点代入式的紧张，感觉回到了两次演练，总在担心自己负责的这片观众有没有足够欢愉。

好在活动当天，一切顺利，观礼嘉宾真的都非常配合我们的工作，欢愉成了热闹的海洋，努力没有白费：当我与台上的军人群体进行互动时，他们整齐的动作、嘹亮的歌声也为群众游行的欢愉氛围添上一抹慷慨与激昂；看到无数面旗帜在观礼台上飘扬，我的内心无比激动，我们在见证着这一历史的时刻！我们互动志愿者带动着观礼台6万观礼嘉宾的气氛，更向全世界70亿人展现着新时代青春活力的中国。

符洋铭：多彩志愿色，共绘青春梦

　　自2020年11月以来，符洋铭积极参与各项志愿活动，共计参加志愿项目8个，有效志愿时长432小时。符洋铭是飞行学院学生会主席团成员，担任飞行学院航小飞工作室组长，主要负责学院公众号推送宣传工作，同时是"科普万里行"实践队成员、建党100周年庆祝大会广场合唱团成员代表、"强国有我"服务保障建党100周年庆祝活动学生宣讲团副团长、北航《罗阳》音乐剧骨干演职人员。

■ 2021年"科普万里行"活动

■ 建党百年庆祝大会广场合唱团

■ 参演《罗阳》音乐剧

■ "强国有我"宣讲团

一、矢志蓝天的颜色——北航蓝

北航！是我想去的地方！蓝天！是我儿时的梦想！2021年3月，符洋铭参加了北京航空航天大学寒假返乡招生宣传实践。因疫情，符洋铭没能重返母校，只能线上讲述他的招飞故事，讲解北航"尚德务实，求真拓新"办学理念，弘扬"空天报国"的北航精神。同时，他为学弟学妹们建立答疑群，科普空天知识，以视频的形式让同学们感受北航魅力，播撒"蓝天梦"的种子。

青年自有青年长，磨剑多日，重回过往。2021年4月，符洋铭全程参与北航"百年薪火 青春芳华"2021年社会实践启动仪式暨第二届"中国飞天梦—科普万里行"出征仪式。活动中，他作为场务志愿者，负责会场灯光，配合现场各部门工作。活动结束后，他撰写推送，助力宣誓仪式圆满完成。科普万里行实践队即刻启程！

雏鹰羽丰今翱翔，不忘初心，再显锋芒。出征仪式后，符洋铭和飞院其他三位同学，前往上海，寻访一大会址，参加"寻找百位留言人@一大留言簿"中央广播电视台五四特别直播，从蓝天出发，以直播的形式，解答网友留言，分享飞行学员训练日程，科普航空航天知识，展现饱满爱党热情。

■ 重返一大会址和五四特别直播

此次行动是"科普万里行"的第一站，在接下来的时间里，北航飞院实践队再出发，将空天知识普及深入革命老区，用创新创造实践点燃科技报国梦想，用足迹丈量祖国美好，用行动实践青年担当，为我国航空航天人才培养事业添砖加瓦。

二、赤心向党的颜色——志愿红

初心不改，无畏向前。"党员"这个群体是符洋铭的向往，一开学他便递交了入党申请书。在2021年这个特别的年份，符洋铭想用实际行动献礼百年，当得知有机会能参与到"百年重大活动"时，他第一时间报名，经过层层选拔，成为合唱团一员。勤学乐谱、苦练发声，第一次接触合唱的他，尤其努力。自3月15日起，从分校区合练到最终的全要素合练，无数日亘月升、曝晒雨淋，符洋铭只为在七一当天，于天安门城楼下，为党庆生。

■ 校内合练

坚守信仰，排除万难。排练期间，符洋铭在一次排球比赛中不慎脚踝撕脱性骨折，打上了石膏，坐上了轮椅。坚持还是退出，是他要面临的选择。符洋铭没有犹豫："我要坚持参加，能站在天安门前唱响党的百年赞歌将是我一生的荣耀，红旗之下，没有什么困难不能战胜，时代之上，没有什么远方不能到达！"

受伤后第一周训练，符洋铭便随队前往南苑机场，由于无法进点位，就在队伍外跟着练习。两周后，他挂着拐杖，单腿站在点位合练。在天安门广场的全要素演练中，从安检站到点位，他挂着拐

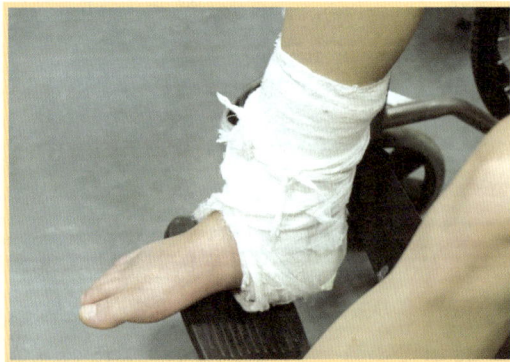

■ 打上石膏，坐上轮椅

杖，走了至少3公里，近6个小时的排练也基本都站着。4个月里，2次全要素训练、15次千人合练、8次校内集体合练，准备100余天，排练200+小时，即使行动不便，符洋铭也从不缺席。唱到《新的天地》里"一起奋进接力""开拓新的天地"时，符洋铭感受到党带领中国人民不断斗争，开创新局面的场景，这成为他始终坚持的原因。7月1日，符洋铭如愿丢掉拐杖，把爱党爱国情唱给世界人民听，展现北航人的蓬勃朝气。

■ 带着拐杖、坐上轮椅参加全要素合练

符洋铭的事迹被CCTV-13《新闻直播间》、北京卫视《特别关注》报道，他是庆祝活动中的一个缩影，代表所有最可爱最努力的青年人，不怕苦、不怕累，让全世界人民看到中国青年奋发有为的精神风貌。

■ CCTV-13《新闻直播间》　　　　■ 北京卫视《特别关注》

7月13日，符洋铭参加了中国共产党成立100周年庆祝活动总结大会。他作为庆祝大会合唱团的一员，同献词团、合唱团17名青年学生代表在人民大会堂，代表全体北航人，接受习近平总书记的亲切会见。

■ 第三排左三为符洋铭

三、赓续向前的颜色——永恒紫

以红色舞台灯光为底色，映衬在蓝色中航工业工装上，《罗阳》音乐剧迸发出一种象征着永恒的紫色——缅怀共和国脊梁，传承罗阳精神。

赤子忠魂，浇铸蓝天梦想。北航《罗阳》音乐剧面临大换血，缺少舞蹈演员。2021年9月至10月，符洋铭志愿参演共和国的脊梁——科学大师名校宣传工程中北航原创大型音乐剧《罗阳》，把罗阳精神通过他的演绎呈现给新生们。虽然他没有舞蹈基础，但勤学苦练，学习罗阳精神，钻研舞蹈动作，了解舞段含义，每个周末奔走于晨兴剧场和晨兴音乐厅，国庆假期一天也没落下。

亲身演绎，续写罗阳精神。《罗阳》不只是一个音乐剧，而是一群向往祖国蓝天的同学少年在演绎空天梦想，书写罗阳精神。符洋铭积

■《罗阳》音乐剧紫色的舞台灯光

■《罗阳》音乐剧排练

极配合艺术团工作、参加音乐剧排练，把罗阳精神成功实际践行。演出当天，他做到了几乎零失误演出！符洋铭说他将继续演《罗阳》，跳《罗阳》！追逐属于北航人的蓝天梦想！

■《罗阳》演出现场

四、感悟心声：青春同行、志愿相伴

我有一个蓝色的梦想。这个蓝色的梦想是飞行学员的地面勤学，更是北航学生的日夜钻研。无论是北航寒假返乡招生宣传实践活动，"中国飞天梦—科普万里行"还是"寻找百位留言人@一大留言簿"中央广播电视台五四特别直播，我只为同一个目标，讲述亲身经历，播撒寻梦种子，心系志愿事业，赓续航空航天火种，科普蓝天知识，共孕航空航天未来。我想通过一个个与蓝天息息相关的志愿活动，笃志躬行，通过自己的蓝天梦想推动一个又一个正在萌芽的蓝天梦想。

我有一个红色的内心。这个红色的内心是北航人的赤诚忠心，更是中国青年的责任担当。我最开心的事情，是如我所愿，和广场合唱团同命运共担当，在七一当天放声为党歌唱。虽然在200多个小时的排练中，我大多和轮椅拐杖为伴，但是在同学老师，以及点位周围战友们的帮助下，我暗自下定决心，挂着拐杖也要上！开始，我是志愿成为合唱团成员，积极投入系列庆祝活动中。通过4个月的训练，广场合唱志愿活动已经成为我北航生活的一部分。志愿这个名词似乎已经成为我一个美好的愿望，今年，我积极参加"强国有我"学生宣讲团，把广场故事继续讲述，将广场精神继续发扬。作为新时代新青年，我们要以实现中华民族伟大复兴为己任，不负时代，不负韶华，不负党和人民的亲切期望，弘扬伟大建党精神，以史为鉴，开创未来，奋勇前进，不负人民！

我有一个紫色的灵魂。这个紫色的灵魂是《罗阳》音乐剧的舞台灯光，更是我志愿服务社会的决心。《罗阳》演出当天，我手拿小黄花，聆听辽宁号的汽笛声，送别罗阳，为他默哀……他依然陪伴在我们北航人左右！我们北航人时刻准备着！今年是《罗阳》演出10周年，也是中国共青团成立100周年，在此之际，我将继续发挥我的热情，志愿继续服务社会，通过多彩各色的社会实践活动，将代表永恒的紫色灵魂赓续。

蓝色的梦想，红色的内心，紫色的灵魂，经过这一系列的志愿活动，我已学会将爱国情、强国志转化为报国行。回想起走进人民大会堂的那一刻，全场热烈掌声，我想这是对万千志愿者最坚定的认可。在未来，我将继续投身志愿、服务社会，用新时代青年人的努力让中国人民更加幸福！

余汉明：国庆盛典的"框子兵"，疫情防控的"余师傅"

余汉明，男，2000年10月出生，北京航空航天大学飞行学院2018级本科生，中共预备党员。2020年新冠肺炎疫情来袭，寒假返乡在家的余汉明响应武汉市政府号召，报名成为中山社区一名防疫志愿者，为100多户家庭提供买菜跑腿、上门送药等"代购"服务。在武汉疫情防控的关键阶段，他连续服务44天，每天工作10多个小时，助力保障武汉市民生活必需品的供给。

■ "战'疫'00后"余汉明

一、国庆"框子兵"：追求完美，厚植情怀

余汉明2018年考入北航，成为一名怀揣蓝天梦想的飞行学员。两年的大学生活，他受到北航"空天报国"精神的熏陶，立志成为一名"思想好、作风硬、纪律强、技术精"的飞行员，努力以实际行动做钻研航空知识、苦练飞行技术的争先者，做营造优良学风、历练职业作风的实践者，做朋辈帮扶、互助友爱的践行者，多次获评优秀学生干部、志愿服务优秀个人等荣誉称号。

2019年暑假，正在认真准备争取出国飞行训练机会的余汉明，收到学校关于服务保障中华人民共和国成立70周年重大活动的报名通知后，毫不犹豫主动请缨参加群众游行活动。在数月的集中训练和骨干培训中，由于思想过硬、训练刻苦，余汉明很快成为一名框架兵。框架兵意味着需要承担更大的责任，方队排面整不整齐，全看他们走得正不正。于是，余汉明经常出现在炎炎烈日下，在高温酷暑中主动加训加练，力争为游行活动的完美呈现做最大努力。国庆当天，走过天安门城楼的那一刻，簇拥在"春天的故事"花海中，他为中华人民共和国70年来的伟大成就感到无比自豪，也进一步下定决心要肩负起新时代赋予新青年的责任和担当。

■ 余汉明参与国庆 70 周年群众游行 "关键抉择" 方阵

二、战"疫""余师傅"：社区代购，传递温暖

作为一名土生土长的武汉人，余汉明在新冠肺炎疫情暴发后一直留在武汉。2020年疫情发生后，武汉的封城十分突然，年轻人被阻挡在外，老人被隔离在内，市民每天在物资供给不足和救护车的鸣笛声中度过，武汉人民的生活仿佛被黑暗笼罩着。然而，2月23日武汉市开始在全市范围专项招募志愿者的"志愿服务关爱行动"，就是这黑暗中的一束光，照亮了人民前方的道路。全市小区开始封控后，余汉明看到身边不少年迈的空巢老人无法及时得到照顾，便想着为他们做些事情。得知消息后，余汉明和父母商量想要报名参加。刚开始时，父母有很大顾虑。"我理解他们，因为我读的

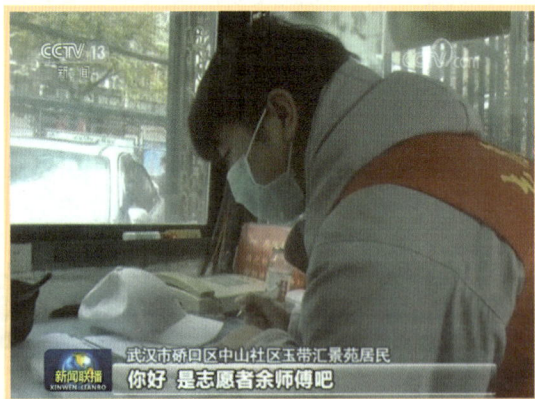

■ 央视《新闻联播》报道

飞行员班，身体比什么都重要，万一感染了，后果不敢想象。"余汉明说，后来，他反复给父母保证，一定会保护好自己，父母同意了。

2月27日，追寻着"志愿服务关爱行动"这束光，余汉明正式上岗，成为硚口区中山社区玉带汇景苑小区的一名志愿者，负责门岗值守、买菜跑腿、上门送药等各项"业务"。2月27日至4月10日，余汉明不惧风险，不辞辛苦，一天未休。起初，从8点到17点就能完成所有工作。随着社区隔离时间增长、居民需求增多，余汉明几乎每天要从早8点工作到晚11点。志愿者的工作内容说起来简单，干起来复杂。每天晚上9点前，余汉明要整理好小区里居民们第二天要购买的物资清单，确定第二天的采购路线。第二天8点半开始在小区门口值守，10点开始采购。当余汉明的身份转变为服务者的时候，才知道他们工作的艰辛。代购工作是繁重的，许多居民的需求非常具体，在选择货物时，稍有不慎便容易出错：有人偏爱鸡精有人喜好味精、有人想买生粉有人只要嫩肉粉、有人选择青花椒有人爱好红花椒……余汉明一一整理，走访多家超市，尽自己所能满足社区居民的需求。虽说"萝卜白菜各有所爱"，但是好像所有武汉人民都喜欢同一样物资——米酒。每一碗米酒都是武汉人放不下的味道，是童年、是成长、是故乡情结。但此次疫情期间，超市里许多货物售罄，米酒自然也不例外。在做志愿服务期间，他所接的任务里米酒是"提名"最多的，堪称"武汉货王"！每天他也是第一时间去询问店长有没有米酒，甚至到了对视一眼店长就说"今天也没货"的地步，余汉明打趣道："米酒让我和超市店员有了默契。"

武汉人爱吃鱼，对鱼是情有独钟的。为了让社区居民吃上鲜活的鱼，余汉明的工作量此时到达了顶峰。忙碌的一天从早晨的代购开始，经过下午的江边鱼类分装，再马不停蹄到各个小区分发鱼。在这期间他们志愿者团队的工作量有多少呢？一个社区要分近800条鱼，而这些鲜活的鱼活蹦乱跳，光是把鲜活肥美的它们分装起来，这个难度可想而知。但是从始至终，他们都没有过一句怨言，一起开心地将分装的过程当成一项娱乐活动。从分装到运回社区，15名志愿者要耗费半天时间，更不用说给居民发鱼的漫长时光了。当余汉明发完最后一条鱼回去休息时，已经是午夜12点了，他表示："原本就讨厌鱼腥味的我，在经过一整天和鱼的'亲密接触'后，却发现我早已经习惯了它的味道。抬头看到好久没出现的漫天繁星，心中的所有疲惫与小情绪被满满的成就感给挤了出去。"

余汉明认为他每天都忙于志愿活动，生活十分充实。"在此次成长历练的过程中，我渐渐懂得了如何收敛自己的脾气，磨炼着自己的耐心，这绝对是我人生中独一无二的经历。虽然志愿服务处理的都是琐碎的小事，但对社区居民来说，却是生活中的大事，而对于武汉来说，是维系城市运转的实事。"他如是说道。

三、宣讲"急先锋"：朋辈激励，火线入党

防疫志愿活动对余汉明来说，是人生中独一无二的难得经历。他表示，最大收获是看到广大党员冲锋在一线，"党员"这个群体成为自己最大的向往。3月5日，余汉明在志愿期间递交入党申请书。经北京市委组织部批准，4月1日成为北京航空航天大学首位"火线入党"大学生。

4月8日武汉解封后，余汉明的志愿服务告一段落，他受邀参加武汉市委宣传部组织的"同上一堂思政课——战'疫'青年说"宣讲活动，加入学校"青春抗疫，与国同航"疫情防控先进事迹学生宣讲团，结合服务保障庆祝中华人民共和国成立70周年重大活动，讲述自己投身疫情防控中的经历与收获，分享成长与感悟，用朋辈激励的方式共同上好疫情防控这场爱国主义大课。截至目前，余汉明已在武汉市部分中学、北京航空航天大学、长安大学、中国大学生在线和央视节目等地宣讲十余场，勇敢担当责任的事迹感动了一批又一批青年学

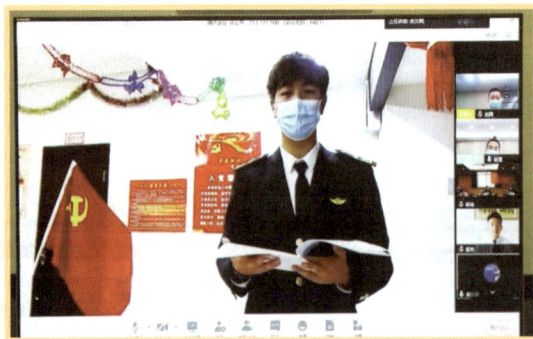
■ 成为北航首位"火线入党"大学生

生。他说："我想让更多的人知道，我们是年轻的一代，更是代表着希望的一代。作为一名武汉人，我看见的是普通人宅在家时，志愿者们主动走出门，不惧危险地为社区居民服务；作为一名民航人，我看见面对闻风丧胆的病毒，师兄们飞往各地派送物资；作为一名中国人，我看见的是当所有地区封锁控制人流时，全国医疗队快速集结驰援武汉。这场与新冠病毒的战役，我们赢了，但是无论何时，我都会牢记今天的自己，牢记今天的武汉，牢记今天做出贡献的每一个人。在国难之时，没有人能独善其身，'天下兴亡，匹夫有责'，我也一定会像前辈们一样冲在最前线！"

余汉明是2020年中国最美大学生，曾荣获2020年上半年硚口新时代楷模、湖北省"最美抗疫协会人"、中国青年报2020年强国青年观察员、2019年"大学生自强之星标兵"奖学金等荣誉。作为一名北航青年，余汉明以胸有大志、心有大我、肩有大任、行有大德的人生追求，努力实现自己的蓝天梦想；作为"00后"，疫情当前，他当机立断加入"逆行者"的队伍，将中国青年一代有责任、敢担当的姿态展示在人民的目光前，充分展现出新时代大学生的责任担当。他的事

■《人民日报》报道余汉明学习习近平总书记给北京大学援鄂医疗队全体"90后"党员的回信精神的体会

迹在武汉广为人知，社区居民称他为"余师傅"，央视《新闻联播》《战疫情》《朝闻天下》等报道近10次，《人民日报》新媒体、《长江日报》《湖北日报》等也相继报道。

在服务保障庆祝中华人民共和国成立70周年重大活动中，余汉明不畏艰苦、辛勤付出，充分展现了当代青年昂扬向上、奋发有为的精神面貌，生动表达了热爱党、热爱祖国、热爱人民的真挚情感。在新冠肺炎疫情防控斗争中，余汉明同在一线英勇奋战的广大疫情防控人员一道，不惧风险，不辞辛苦，奉献社会，服务人民，以实际行动诠释了"空天报国"的北航精神，彰显了新时代青年的使命担当。相信在以后的日子，余汉明和新时代北航学子，必将继续传承和发扬"空天报国"的北航精神，做担当民族复兴重任的时代新人，以奋斗书写新时代的青春篇章。

四、感悟心声

今日之责任，不在他人，而全在我少年。少年智则国智，少年富则国富；少年强则国强，少年独立则国独立；少年自由则国自由；少年进步则国进步；少年胜于欧洲，则国胜于欧洲；少年雄于地球，则国雄于地球。

——梁启超

青年一代有理想，有责任，有担当。从奥运会到中华人民共和国成立70周年，再到如今的疫情，主动站出来去当志愿者的许多都是这个国家的新生代力量。不论是疫情期间前来武汉探访慰问和与青年志愿者谢小玉对话，还是给前往克拉玛依援疆的同学们回信给他们加油打气，给全国学联二十七大召开的贺信，习近平总书记对于我国青年一代的支持与理解令我深受鼓舞。这不禁令我想起在疫情期间的志愿时光，作为一名青年人，参加这次疫情志愿活动是我身为一名武汉人、一名新时代青年、一名北航学子的本分。不仅是做志愿，还有在志愿过后的经验分享，一次次站在舞台上锻炼自己的信心，在这些成长历练的过程中，我也渐渐懂得了如何收敛自己的脾气，磨炼着自己

的耐心，这绝对是我人生中独一无二的经历。受到雷锋精神的感召，得到支部书记的鼓励，看到了身边社区基层党员的付出，我决定向这个优秀的组织靠拢。很荣幸党组织接纳了我，让我成了北航第一名在疫情防控期间火线入党的预备党员。所以我需要从现在做起，随时以一名优秀的党员要求自己，北航的红色基因已经融入我的血脉当中，志在蓝天是我每天集队都看到的四个字，而空天报国是我此生的目标。在未来的工作中，只要国家有难，我会义无反顾冲在最前线，不论生死，用我的实际行动践行我在党旗前的入党誓言。青年一代有理想、有责任、有担当、国家就有前途，民族就有希望。而我们这些"90后""00后"，既是年轻的一代，更是代表着希望的一代，我们一定会从前辈们手中接过这杆大旗，让青春在党和人民最需要的地方绽放绚丽之花！

卢阳：志愿服务没有终点，
我亦将用脚去丈量

卢阳，来自美丽的内蒙古科尔沁大草原西辽河畔，从2010年本科入学北京航空航天大学仪器科学与光电工程学院以来，18岁就加入中国共产党的他一直秉承着"奉献、友爱、互助、进步"的志愿精神，始终在思想上政治上行动上同以习近平同志为核心的党中央保持高度一致，凝聚群众力量，热衷服务奉献，起到了党员先锋模范带头作用，在社会公益实践、志愿理论宣讲等方面具有突出表现。

■ 卢阳参加国庆 70 周年庆祝活动志愿服务

一、实践奉献祖国，小我融入大我

投身西部建设，展现青春风采。卢阳同志在本科期间就积极投身志愿服务事业，拥有丰富农民工子弟小学支教经验。响应习近平总书记关于"到基层和人民中去建功立业，在实现中国梦的伟大实践中书写别样精彩的人生"的号召，勇敢主动投身基层，奉献基层，光荣地成了祖国"西部大开发"战略中的一员，作为首批赴藏支教团团长之一，将第一面"北京航空航天大学研究生支教团"的旗帜插在了条件最为艰苦的雪域高原，成了西藏山南市脱贫攻坚战线上一名光荣的高中语文教师。在3500米海拔造成的高原缺氧反应和昼夜40℃温差的不良环境下，发展教育事业是改善藏南落后面貌的关键环节。通过卢阳同志辛苦努力付出，成绩最差的两个班级（共15班）一年内学业水平大幅进步，平均分在全年级同时前进7名。

此外，他通过家访开展深入调研，掌握学生的生活实际，为学生解决学习困难，充分动员学校和社会多方力量捐赠了1200余支保温杯、200余件过冬棉衣、上百本字典和文具用品等学习和生活用品。他将母校的"航空航天概论"作为引智课程，努力打开藏族学生们的航空航天视野，该项目同团队成员共同获得了第四届"阿克苏诺贝尔中国"大学生志愿公益奖银奖；同时，他将自己获得的5000元奖学金全部捐赠给所在的山南市第一高级中学。他用实际行动为打赢脱贫攻坚战贡献青春力量。

服务首都需要，保障重大任务。从西部志愿支教返校，他先后担任第二届"一带一路"

■ 作为北航首批赴西藏的研究生支教团成员

■ 央视《新闻联播》报道

国际合作高峰论坛和"亚洲文明对话大会"北航志愿者负责人。在第十六届"挑战杯"北航投全国大学生课外学术科技作品大赛中，担任1100余名志愿者培训嘉宾，规范志愿者行为礼仪，端正志愿者服务意识，帮助大赛取得圆满成功。在"国庆七十周年庆祝大会"志愿者任务中，作为接受总书记"检阅"的观众观礼台志愿者负责人，他勇挑重担，通过两次通宵"全要素"彩排、157个小时最专业的培训、100余小时的实地踏勘，圆满完成了国庆当天天安门广场观礼台观众引导疏散、观众情绪调动、医疗安保辅助的艰巨任务，获得北航服务保障国庆七十周年庆祝活动"先进个人"称号。

倾心学生成长，抗疫担当从先。他不仅在志愿服务中奋勇争先，更将志愿精神和志愿经验带入到学院学生管理的工作中。作为博士生辅导员，卢阳将矢志不渝、为国奉献的"陀螺精神"融入帮扶392名学生学习生活思想的日常工作中，与学生谈心谈话200余次，检查宿舍160余次，共计100余名学生获得校级及以上各类奖助学金，建立北航首个"百人博士班"的班级管理建设体系，调研10次博士生各党支部建设及会议流程，积极为学生党支部管理规范献言献策。疫情期间，更是爱心抗疫不断线，争当表率做贡献。每日问询学生累计3000次、通话时长近3000分钟、展开7场线上班会、办理学生退宿110余人、打包邮寄行李近100件。通过北航研究生"成才表率"宣讲会，线上号召同学们积极抗疫，不信谣、不传谣，募捐善款，用"小奉献"诠释了"大担当"，得到了学校师生的信任和认可。

二、宣讲实践体验，传播奉献精神

讲述奋斗历程，号召投身西部。2015年，他代表在藏2000余名志愿者加入大学生志愿服务西部计划服务西藏专项12人宣讲团，赴内地仅用33天奔赴7省市17市区41所高校开展宣讲，宣传西藏的志愿服务政策，受众万余名应届毕业生，"坚信奋斗的青春最美丽"的事迹更是被中国青年网以《有梦·飞翔》为题报道，榜样精神为西藏志愿者事

奉献同航
——做好新时代北航青年志愿服务先锋队

业注入了更多的"新鲜血液"。

传承校史文化，弘扬空天精神。作为北航校史馆志愿者讲解员期间，他不仅积极为同学和大众讲述北航过往光荣的奋斗历史、传播优秀的校史文化，还发起了北航校史文化传承社团，倡导大家树立文化自信，将"空天报国"的北航精神融入同学们学习科研的过程中，争做校史传播先锋。他以身作则，与时代共进，做学生的知心人、热心人、引路人。作为北航实验学校校外辅导员，5年来多次深入附中学生的团员公开课、第二课堂，用"空天报国"精神浇灌文明之花，引领青少年学生全面发展，受众近2000人，甘为"后浪"的掌明灯。

■ 作为北航校史馆志愿者讲解员

与国同行同航，引领榜样风范。2019年作为"青春与祖国同航"北航国庆活动宣讲团一员，走出北航、走进四川高校，开展了"线上、线下一体化"多种形式的宣讲和交流分享活动，在更多年轻的心灵中开花结果，带头作用突出，为《新闻联播》、中青网、和北京市委《前线》杂志等媒体所报道。

因为博士生科研课题任务的安排，他不能亲身投入"建党百年庆祝大会""北京冬奥会"等大型志愿活动中，但是他依然在幕后，为志愿者选拔、志愿者培训和志愿者心理发展辅导等相关工作发挥着光和热。

■ 担任北航实验学校课外辅导员

　　从校园中一座座先辈的雕像中，他看到了"苟利国家生死以"的意志；从开学典礼前辈们的讲话中，他听到了"敢为人先的北航人"的情怀；从习近平总书记给中国石油大学（北京）克拉玛依校区毕业生的回信中，他体会到了"'志不求易者成，事不避难者进'生逢其时、肩负重任"的历史使命。卢阳在一次宣讲中讲道："在'一头接续即将挥就的百年史诗，一头开启第二个百年的恢宏篇章'的'两个一百年'历史交汇点上，我们将与开启全面建设社会主义现代化国家新征程的强大力量同频共振，乘风破浪、砥砺前行。以青春奋斗之我们，共擎美好荣光之祖国。"

徐向荣：坚持支教扶贫，用爱助力贫困孩子放飞理想

　　徐向荣自大一年级的教师节开始，参加了第一次支教，整整大学四年，将艰苦化作热爱，将助贫当作使命，始终活跃在教育扶贫的第一线。

　　在我们身边有这样一个特殊的孩子群体，由于他们的家庭出现了各种事故或者"问题"，他们被贴上了特困、孤儿等标签。他们的父母无法像我们培养孩子那样，去培养他们长大成人。即便在繁华的都市中，也有特困、孤儿、单亲弱势家庭，特别需要被帮助，而最重要的就是教育资源不均。由于贫困，

■ 徐向荣

他们无法享受优质资源，从而拉开了与同龄人的差距。徐向荣和他的伙伴们做的就是教育扶贫，这个过程是艰苦而又快乐的。由于帮扶对象位于城市边缘的农村，早上6点起床，从北京北边的昌平出发，换乘4趟地铁和公交，前往80公里外的大兴区的乡镇。在冬天的早晨，寒风瑟瑟，他依旧坚持着自己热爱的事业；遇到农村大集，公交车中又挤又热，走走停停，让人十分压抑。很多人经历过一两次因感觉太苦放弃了，而他却坚持了好几个学期。因为来自农村的他明白，贫困孩子读书是困难的，是需要帮扶的，而读书也是唯一能够改变贫困孩子人生的途径，因此，即便环境和条件艰苦，也乐在其中。

此外，随着与帮扶对象的相处，徐向荣发现了有时候除了需要学习上的帮助，更需要他人的陪伴与理解，以及教会他们融入社会的方法。帮扶对象中有些身体或者智力残疾的孩子，他们更需要循循善诱的引导，而不是填

■ 参与线下支教活动

鸭式的浇灌。徐向荣一边耐心地解答帮扶对象的问题，一边主动地纠正他们表达上的问题，通过面对面的交流，让帮扶对象走出内向的性格，从而更好地与他人交流，克服心理障碍。

此外，除了文化课中的答疑，徐向荣还组织了一群伙伴，为帮扶对象开设了一些素质教育特色课程，例如手工课程、舞蹈课程等。这些家境贫困的孩子，是很难有机会花钱参加兴趣班。因此，开设素质教育特色课程，可以丰富帮扶对象的学习生活，开拓帮扶对象的视野，从而有利于帮扶对象的健康成长。

由于面对面支教，面临着路途遥远、条件艰苦、志愿者投入效率低的问题，徐向荣在2019年初就探索一种线上支教模式，并开始推广。从支教软件，到支教规则，到效率评价等等，事无巨细，他都做了详尽的规划，从而保证了线上支教能够取得与线下支教一样的好效果。正是由于这样一份创新性的前瞻规划，在2020年新冠肺炎疫情突然暴发时，他们的支教活动仍然能够持续，并且取得较好的效果。

徐向荣的大学4年，都将自己的课余时间投入热爱的支教扶贫中，为帮扶对象送去了知识，也给自己带来了快乐与精神升华。未来，他将更多地关注在"双减"政策下，支教活动的优化与创新，与时俱进，奋勇向前。

感悟心声

我所做的志愿服务不过是小小的举动，却能给帮扶对象带来温

暖与感动，甚至可以改变帮扶对象的一生。我曾经辅导一名小学六年级的特困家庭孩子的课程，给他讲解课程知识和答疑，后来亲眼见证了他经过初中三年的努力，考上理想的高中，离自己的梦想更近了一步。帮扶对象们的人生蜕变，是给志愿者们最大的回报，最大的鼓励。然而，同样我也亲眼见过有的帮扶对象面对自己的境遇，自甘平庸，自暴自弃，最终放弃了希望，而感到无比的伤心与无奈。在多年的志愿活动中，我有着多种不同的感悟。

志愿是辛苦的。志愿服务是要投入大量时间与精力，才能认真完成的服务工作。在线下的面对面支教服务中，我与志愿服务地点来回5个小时的车程，在路上就消耗了大量的精力，到达志愿服务地点时，还要耐心给帮扶对象辅导课程、答疑解惑，因此，每个周末返回时，都会累得浑身无力、倒头就睡。此外，志愿服务需要大量的时间，比如在课业繁忙时，周末是用来完成课程作业、练习本领的，而自从接触了志愿服务，每个周末就留给了志愿服务，因此要求我平时加倍努力，提前完成课程任务，这不仅仅是让自己更加充实，也客观上提升了我管理时间的能力，促进了个人学习的提升。因此，志愿服务是辛苦的，但是，辛苦中仍然带着甘甜，当我适应那份辛苦后，品味到的就全是志愿服务带来的甘甜。

志愿服务是需要方法与知识的。在参加志愿活动前，常常听说志愿服务需要培训，就很纳闷，为什么志愿服务需要培训呢？只要保证一颗甘于奉献的心，难道会做不好志愿服务吗？当我自己参加了几年的支教活动后，我终于明白，志愿服务是需要技巧与效率的。首先，志愿服务需要技巧。在支教活动中，由于面对的是从小面临家庭变故，或者自身面临残疾的特殊孩子。因此，在交往中，尤其需要注意，不能戳痛孩子们幼

■ 参与线下支教活动

小的心。如何与帮扶对象沟通，成为一项很难但是必须掌握的技能。这是只有一颗热忱的心，而缺少方法与知识的志愿者无法做到的。此外，在志愿服务中，效率也是一个关键问题。以线上支教为例，如何协调课程中志愿者与帮扶对象的互动，如何让帮扶对象更有效率地从线上课程中获取知识，如何组织志愿者能够像线下志愿服务一样认真备课，认真总结，从而提升志愿服务效率，这一切都是需要多次志愿服务培训与演练，才能完成工作。因此，志愿服务不仅仅需要付出肢体上的劳动，更需要掌握自己相关的服务工作的知识，这无意间也让我们掌握了更多的技巧与技能，并丰富了知识，提升了能力。

志愿服务是需要创新的。作为支教助贫志愿活动的组织者之一，我深刻认识到了志愿活动是需要一种创新模式的。与传统的志愿活动不同，支教活动要想办好，则离不开创新。首先是支教流程的创新，如何才能使得志愿者更加投入，帮扶对象更加积极地吸收知识呢？因此，我在支教模式上提出了除支教老师外，设立教案组，协调组等，负责统一整理教案，协调支教内容等。课后收集帮扶对象、家长以及志愿者的意见和建议，及时反思与总结。在教育内容上，传统的支教活动大多是辅导文化课知识，然而在面对我们的帮扶对象时，我认为除了文化课知识，综合素质也非常重要。由于帮扶对象家庭条件不好，因此他们从小便没有机会参加兴趣班，发挥自己的艺术特长。为了挖掘孩子们的特长，我组织志愿者开设了手工课程、舞蹈课程等艺术课程，给帮扶对象提供艺术上的指导。由于存在路途遥远、条件艰苦、志愿者投入效率低的问题，我于2019年创新性地开展了线上支教的尝试，并且在疫情期间得到了广泛的推广。只有不断地创新，才能让志愿活动切实服务到需要的人，让志愿活动更有意义。

志愿服务是有互利共赢的。有人认为，做志愿只是单纯地付出，但是在多年的志愿服务中，我切实地感受却是，志愿服务给我带来了许多许多。首先是做志愿服务的成就感，帮助他人，并不求得到回报，但是内心会感到自豪与骄傲，能够将自己所学回报社会，从而实现个人价值，当我收到帮扶对象考入理想高中的喜讯时，那种愉悦是无法用语言表达的。此外，在志愿服务中，我会学到如何与他人沟通与交流，提升了与人交往的能力，让自己的性格从内向变得更加善于沟通和表达。此外，志愿活动能够督促我按时完成自己的课程学习，提升学习效率。只有提升自己的能力，才能有更多的时间去帮助他人，服务社会。最后，志愿活动对社会是有积极意义的，以助学扶贫为例，有利于帮助贫困孩子和特殊孩子走出家庭阴影，努力通过学习改变自己的命运；有利于营造和谐互助，我为人人、人人为我的良好社会氛围；更是响应国家精准扶贫战略，有利于从教育上根治贫困。

从参加志愿活动以来，我收获了许多许多，不知不觉已经爱上了志愿活动。有时候，虽然很累，也想休息，但是我认为，一次志愿活动会让自己的心灵得到放松与升华，让自己活得更加有意义。正是这种对志愿活动的爱，支撑着我一路前行。未来，我将坚持我热爱的志愿活动，为和谐社会贡献一份力量。

迪力木拉提·克林木江：
青春不负时代，梦想与国同行

迪力木拉提·克林木江，男，维吾尔族。1998年出生于新疆伊犁的一个小乡镇，中共预备党员。2017年~2018年就读于北京理工大学秦皇岛分校预科班，2018年9月，他带着无限期望踏进梦寐以求的大学——北京航空航天大学，与此同时开启了追逐梦想的旅程！目前是2018级交通运输专业的学生，曾荣获2020年度北航十佳志愿者；国家励志奖学金；北航优秀志愿者；北航暑期社会实践一等奖；北航社会实践优秀奖学金；北航志愿公益奖学金；北航寒期社会实践二等奖；北航少数民族励志奋进奖学金；新生军训"优秀学员"等荣誉。

一、与国同航：中华人民共和国成立70周年庆祝活动

伟大的祖国母亲70周年华诞之际，北航三千余名师生代表"关键抉择"游行方阵走过天安门广场。而13年前那个坐在电视机小孩，从未想过在将来的一天有幸成为这支游行队伍的一员，代表全国人民走过天安门，为祖国庆生。他真的太幸运了，从乡镇里走出来参加祖国母亲十年一次的庆生大会这是何等的荣光呀！为此他们进行了两个多月的训练，训练期间，他积极配合开展各项训练，并主动担任训练队伍的骨干，协助队长完成训练的任务，每一次的游行训练，都深深印在了他的脑海里，至今难忘。

■ 参加中华人民共和国成立70周年庆祝大会群众游行"关键抉择"方阵

"今天是你的生日，我的中国"，这一天的天安门格外的庄严，天上的飞机，地上的彩车，敬礼的士兵，挥手的国家领导人，他不想错过每一个细节。当时的心情无法用言语形容，"一次阅兵，全家光荣；一次阅兵，终身光荣"，他深刻体会到了这句话的含义。成为中华人民共和国成立70周年的参与者见证者，在离祖国母亲心脏最近的地方，聆听祖国母亲的心跳，他再次坚定他的梦想。

二、我心向党：中国共产党成立100周年庆祝大会活动

何其有幸，2021年对中国是具有历史性意义的一年，两个"一百年"的历史交汇点，在百年接力的关键时刻，他又一次紧贴着祖国的心房，站在天安门广场上，成为北航220名"建党百年"师生志愿者当中的一员，与全国人民一起见证这伟大的时刻，这让他感到无上光荣，无比自豪，更让他光荣自豪的是在今年成为一名中共党员。更加幸运的是能在现场学习习近平总书记的"七一"重要讲话，当他听到"中国人民决不允许任何外来势力欺负、压迫、奴役我们，谁妄想这样干，必将在14亿多中国人民用血肉筑成的钢铁长城面前碰得头破血流"时，内心热血沸腾，全场爆发出热烈的掌声与欢呼，他深受触动，感到肩负重任，心中对党默默宣誓：请党放心，强国有我！

通过深度参与体验国家的重大庆典活动，他更加坚定了正确的政治方向，为祖国的强大和作为一名中国人感到光荣与自豪，无时无刻不感激北航对他的培养和信任。同时深刻体会到什么是爱国，什么是爱党。今后，他将会更加坚定理想信念，不忘初心，奋勇拼

■ 中国共产党成立100周年庆祝大会直播

搏，为中华民族的伟大复兴贡献自己的一份力量。

三、燃情冰雪：北京2022年冬奥会和冬残奥会

有幸以志愿者经理助理的身份参与到北京冬奥会，他感到十分骄傲自豪，并坚信这段经历会深深印在脑海里，成为他人生当中最宝贵的财富。

去冬奥会当志愿者对于他来说是一件可遇不可求的事情，但对于一个热爱运动、向往奥运的他，总对冬奥会抱有一丝幻想。在北京奥组委和学校的信任与培养下，非常有幸通过了层层面试选拔，以及克服了考研复习过程中的重重困难，成为一名冬奥会赛会志愿者。作为冬奥志愿者，他担任阪泉综合服务区志愿者助理，主要负责阪泉综合服务区全体志愿者的后勤保障、组织活动、物资发放、信息报送等工作，充当志愿者的志愿者身份，为志愿者们做好保障工作，解决志愿者的后顾之忧，责任重大，使命光荣。

■ 搬运志愿者激励物资　　　　　■ 为志愿者发放激励物资

出征前一天，他有机会成为冬奥会开幕式联排的第一批观众前往鸟巢观看彩排，这是他十分难忘的一次经历，也是他第一次有机会进入鸟巢。在现场亲身感受奥运盛会的开幕式，他无法用一两句话来形容他的感想，当看到升国旗仪式时，他的眼泪禁不住流了下来。这次的升国旗仪式与以往的升国旗不同，这次在《我和我的祖国》悠扬的乐曲中，五星红旗在100多名来自全国各行各业的优秀代表，以及56个民族的代表手中逐人依次传递。整个传递过程神圣庄严，充满了仪式感。他无比激动、无比骄傲。他为自己感到自豪、为北京这座"双奥

之城"感到自豪、更为祖国感到自豪。

如今，北京成为世界上首座"双奥之城"。小时候的他从未想过将来能去北京上大学，亲身见证一次又一次的伟大历史时刻，更没有想到的是能够成为多次切身经历国家重大活动，体会作为"国家名片"的自豪感，他认为自己是非常幸运的。冬奥会是国家大事，作为一名新时代的大学生， 他始终相信自己一定以饱满的热情、无私奉献的精神，用行动温暖冬奥，讲好中国故事。

四、初心不改：西部支教我身影

身为一名来自新疆的少数民族生，他非常感恩家乡养育了努力、积极、乐观的他。同时在祖国最好的教育环境下接受着最优质的教育，他更加感恩这个机会。常常想，怎样才能帮助到家乡，怎样才不辜负北航对他的培养。北航传承之焰支教团帮他解开了谜团。加入其中之后发现，不仅他的家乡，很多西部地区孩子们需要帮助。大一寒假，正式踏上了支教旅程。

那年寒假他们从支教地山西中阳河底小学接来了四个孩子和两位老师，带领他们游览北京。不久，他又前往新疆伊犁加尕斯台镇中心小学慰问孩子们，参与学校的"温暖衣冬"，给当地家境比较贫寒的孩子们带去温暖，也为他们暑假的支教打好基础。大二暑假支教生活如期进行，作为东道主的他，深感肩负责任重大，同时尽他最大的努力去处理好当地的后勤保障工作。在支教期间他担任音乐体育舞蹈老师，跟小朋友们相处的时间里，他仿佛看到小时候的自己，那一双双明亮的眼睛充满了对外面的世界的好奇与渴望。小朋友们也非常喜欢

■ 2018 年寒假返回加尕斯台镇中心小学支教地慰问

■ 2019 年寒假返回支教地加尕斯台镇中心小学学生家慰问

■ 2019 年暑期在新疆伊犁加尕斯台镇中心小学支教

他，他也会时不时地收到孩子们的小纸条，里面表达了小朋友们对他的喜爱和感激之情。每次上完课，小朋友们都会来问他"你们学校是不是有好多高楼好多飞机"之类的问题。他会认真地回答小朋友们的问题，每次的对话就如同在跟小时候的自己对话。他通过自己的行动点燃孩子们心中的火苗，告诉他们只要努力在不久的将来一定也可以。在支教过程中，他们还进行教学走访，去亲身感受小朋友们在家中的日常生活，也希望家长们能够在沟通中看到他们的努力和方向，让家长们对他们的工作更加安心。他们始终相信在支教过程中，孩子们或许因为某个老师的认可与鼓舞，找到了自己的方向。他们或许能为孩子们埋下一颗种子，一颗追求梦想的种子，一颗努力学习改变命运的种子。他很感谢小朋友们，因为教学是相互的，这段经历也是成就他自己的过程。他非常感激一同来新疆支教的同学们，因为这一群可爱的老师的出现或将改变他们的命运。

五、争做模范：为民族团结贡献微薄之力

为了同身边的各民族同学更好地团结在一起，大一时他担任学校"畅叙"辅导员工作室学生负责人，协助辅导员开展学校少数民族同学的日常事务及个人发展工作。通过朋辈辅导、心理建设、成长发展沙龙和爱党爱国主题教育等活动，努力帮助身边的少数民族同学努力融入北航大家庭。他们工作室也是基于他们长期的努力拿到了"首都民族团结进步先进集体"的荣誉。在畅叙，他努力通过自己微小的志

愿服务工作来促进各民族同学像石榴籽一样紧紧抱在一起，共同团结奋斗。

■ 组织学校少数民族同学参观抗日战争纪念馆

回首四年的大学时光，他的异乡求学之路因为"北航"二字而显得格外温暖与光明。志愿服务因为热爱，所以坚持。他将带着赤子之心，继续向前，努力创造更多的繁星，始终牢记志愿者的使命，有一分热，发一分光，用理想信念之火点燃青春，用自己的能量回馈社会，回馈祖国！

胡廷叶枝：不忘初心，续燃热忱

奉献同航
——做好新时代北航青年志愿服务先锋队

胡廷叶枝，共产党员，来自湖北宜昌，本科毕业于经济管理学院高水平体育班。志愿公益事业是她一直努力和践行的方向。大学四年来共参与志愿活动35项，累计服务时长1345.9小时，以项目领队身份负责项目17个，如今作为北航第二十三届研究生支教团成员，目前正在宁夏泾源县新民中心小学开展为期一年的支教服务。

■ 胡廷叶枝

一、志愿服务与支教历程

自大一入学以来胡廷叶枝就怀着一颗热忱之心投入志愿公益中，用实际行动来实现帮助孩童传播知识的教师梦，因此在志愿活动中她主要聚焦于学生支教类和科技科普类志愿服务。

大一暑期，她参加了宜昌市政府策划举办的"希望家园"暑假留守儿童帮扶，进行了为期一个月的儿童支教，为社区留守儿童们辅导暑期作业、普及安全教育进行科普。大三学年，作为暖暖之家周末支教项目领队，准备教学教案，每周日上午带领志愿者们到昌平白庙村西街，为外来务工子女、听障儿童教授科技、编程等课程。此外还参与了同心学校、小天鹅农民工子弟公益学校、"用颜料点亮蓝灯"心智障碍少年儿童关爱等支教项目，第十六届"挑战杯"全国大学生课外学术科技作品竞赛、第三十届"冯如杯"、第十二届全国"挑战杯"大学生创业计划大赛首都赛区等科技科普类项目，与社区"青力量"、夕阳再晨、大美航天敬老等老年关怀项目，China BP&WSDC Mini

Open 2019、北京国际公益广告大会、北京国际摄影周等大型活动，国家图书馆中国学文献整理、平安地铁、航天社区爱国艺术展、绿色环保宣传等校外活动。累计服务时长超过1300个小时，以项目领队身份负责项目十余个，志愿北京认证四星志愿者，以志愿者身份获评

■ 出走世界·泰国清迈支教服务

"北京市海淀区二星志愿者""校优秀志愿者""校十佳志愿者"等多项荣誉。

对胡廷叶枝来说参加公益活动不仅是帮助他人的一种形式，也是检验自我提升个人能力的一种方式——作为校团委科技部的学生干部，在冯如杯、挑战杯承办工作中还负责招募、组织、培训赛事志愿者，使其有序开展赛事志愿工作；作为希望桥梁组织部成员组织带领周末支教志愿者，准备课程教案、组织儿童进行趣味活动学习支教课程；作为北京国际公益广告大会志愿者领队，统筹规划志愿者工作、协助主办方新闻中心拍摄宣传素材；作为宜昌市政府"希望家园"暑期留守儿童帮扶的支教组长管理支教志愿者，负责志愿者与希望家园的沟通衔接工作，以及活动宣传。这一段又一段珍贵的实践经历使她的综合能力不断提高，不断成长，并让她在志愿

■ 温暖之家周末支教服务

服务中更加深刻领会"奉献、友爱、互助、进步"的志愿精神，更是让她将志愿精神与责任相融合。

2020年是特殊的一年，年初湖北疫情肆虐。胡廷叶枝作为家处湖北的学生，在服从配合政府相关要求的同时，积极响应党的号召，第一时间加入疫情防控志愿队伍，并作为与校领导疫情连线·经管学院学生代表，和学院领导交流汇报本地疫情发展。防控工作的三个月中，排查记录了近1800户家庭。在完成防控排查、物资配送等工作的基础上，同时结合自己体育生的特长组织开展了社区儿童线上辅导、防疫健身操等线上体育课程。

二、选择研究生支教团

2020年9月，为了实现心中的理想与热爱，胡廷叶枝报名并成功入选第二十三届研究生支教团，并选择奔赴宁夏固原·泾源，"用一年不长的时间，做一件终生难忘的事情"——以一名志愿者教师的身份为当地的孩子传道授业。经过十个月对例会理论、实践教学、综合能力、急救培训等二十余次的培训学习，并制定了完整详细的支教计划。2021年底胡廷叶枝与其他五名支教团宁夏分队的成员启程了宁夏支教之旅，在泾源县新民中心小学的支教生活里，她与其他伙伴们克服了饮食不习惯、水土不服、语言不通与学生交流困难、宁夏新冠肺炎疫情等重重难题，同时利用她与其他五位支教伙伴的自身的特长开展了教师节手工制作活动、组建了新民中心小学篮球队。还依据北航、中国青少年科技中心等优质资源，筹备了泾源县第一届航空航天

■ 在宁夏新民中心小学上课　　■ 开展科普周特色课程

科普活动周，为同学们营造热爱科学、崇尚创新的社会氛围，启发泾源县青少年铭记航空航天历史，传承空天报国精神。

三、感悟心声

志愿公益一直是我热爱的事业也是我追求的方向，在支教的过程中，不仅是我在帮助孩子们，孩子们也在不断用行动感动着我、激励我前进。

在我的支教经历中，令我感触最深的是2021年暑假参加的吕梁支教实践，也是因为这次支教实践让我对支教有了更深的理解。这次实践因为新冠肺炎疫情的影响，线下实践转为线上进行，线上实践困难重重——学生们没有自己的设备进入线上课堂，他们用的是学校教室的台式机，一个班只有一台电脑，并且经常会网络卡顿或因电脑硬件问题断线失联，往往一堂一小时的课顶多只有10分钟能连上线，但就是在这样的环境下，他们依然是非常认真地在学习。在我的班级有一个叫袁浩玮的初三男生，9点上课，他每天7点不到就已经登录班级的账号上线等待了。只要他们那边设备断线就立即借其他老师的手机给我打电话，用电话连线的方式继续学习。有一次课程要求班级内制作化学实验报告的PPT，他们从来没有接触过PPT，加上电脑设备问题，上了一下午的课也没有任何进展。放学后浩玮主动找到我，想让我再教一次，于是我就从头教起，一直教到他了解掌握如何制作。在后来的PPT路演环节，浩玮的班级获得了第一名。实践结束后，我和吕梁负责老师偶然聊天才知道，那天浩玮找老师借了私人电脑，一个人在办公室里学，又组织班上同学在第二天上课前学习制作PPT。听完老师的话我触动很深，在实践开始前我有过无数次幻想，其实我对于这次实践本来不抱有很大希望的，但孩子们的举动让我惊喜，也让我意识到他们对于知识是多么的渴望。

这更让我坚定了想要做一名基层老师，为孩子们传播知识点亮梦想的想法，同时使我加深了对支教的理解。"扶贫先扶志，扶贫必扶智"，如今很多贫困地区已经初步脱离贫困的状态，但在思想和教育上的"贫"依然存在。很多农村家庭依然存在让孩子读完九年义务教育就回家务农或者外出打工的现象，甚至早早就给孩子定下婚事，这些普通人看来不可思议的事情，在他们眼里是很正常的——思想的固化、知识技能缺乏、教育水平低下，这些因素都影响着贫困地区孩子们的成长发展，也在一定程度上阻碍着贫困地区长久脱贫。

习近平总书记曾强调："教育是阻断贫困代际传递的治本之策。贫困地区教育事业是管长远的，必须下大力气抓好。扶贫既要富口袋，也要富脑袋。"所以要想摆脱持续贫困的泥沼，最直观有效的方法就是通过支教将优质教育资源引进，缩小教育资源差距，让青年志愿者们在教授知识的同时，传播新的发展思想，以达到思想"脱贫"长久脱贫的目的。

另一方面对于支教扶贫青年志愿者们来说，支教不仅是一个可以实现教师情怀的路径，更是一种精神的传递、一份责任的担当。这些贫困地区的孩子们不是不渴望学习，只是因为没有途径、没有资源帮助他们走出大山。青年志愿者们肩负着传播知识、培养人才的重任，走进深山为孩子们构建一座与外面世界相连的桥梁。同时也用与时俱进的思想不断改变当地家庭的固化思维，从思想上"脱贫"。

在宁夏支教的过程中，我时刻铭记自己的初心，并且未来也会继续坚持，努力践行习近平总书记对中国青年的殷切嘱托"青春由磨砺而出彩，人生因奋斗而升华。新时代中国青年要继承和发扬五四精神，

■ 在新民中心小学参与支教工作

坚定理想信念，站稳人民立场，练就过硬本领，投身强国伟业！"未来我将继续不忘初心续燃热忱，继续投身于志愿公益事业。

马逸行：传递爱心，服务社会

马逸行，男，北京航空航天大学北京学院2018级本科生。曾荣获海淀区三星级志愿者、校十佳志愿者、北京学院"志愿公益之星"等荣誉，志愿时长达866小时。

一、志愿公益，奉献自我

马逸行积极参加多种志愿服务工作。在校期间，他先后加入各类志愿团体11个，参与暑期支教、科技志愿、大型赛会服务等项目44个。在志愿服务中，马逸行认真积极完成服务工作，以实际行动贡献青春力量。

■ 在 2020 年中国国际服务贸易会做志愿服务

2019年7月，他参加北航暑期学校志愿工作，对接境外来校学习学生，开展生活支持、文化体验等志愿服务工作，用良好的外语水平和热情的服务工作为短期学习的海外师生提供了丰富、美好的回忆。

2019年10月，他作为"关键抉择"方阵训练小组长，参与国庆70周年群众游行庆祝活动，走过长安街，为祖国庆生。同月，参加冯如书院组织的"'城市与文化发展——聚焦北京、西安、上海与澳门'互访活动"，为来自西安交通大学崇实书院、华东师范大学孟宪承书院、澳门大学蔡继有书院的同学带来航空航天文化、人文底蕴、红色体验等一系列的活动，展现首都文化风采与北航学子热情风貌。

2019年11月，他参与第十六届"挑战杯"全国大学生课外学术科技作品竞赛会务活动，在6天共计12个餐饮服务单元内完成服务保障工作，负责就餐引导与路口咨询，有效完成校内师生与参会代表人员分流、就餐秩序等保障工作。

2020年9月，他作为会务疫情防控志愿者，参与中国国际服务贸易交易会志愿活动。在疫情发生后国内线下举办的第一次重大国际经贸活动的背景下，他积极报名参与，负责引导参观参会人员有序出入，并严格落实疫情防控要求，确保会场总体平稳有序。他和会务志愿者一道，以服务精神和志愿风采向国际社会展示中国疫情防控和经济社会发展取得的显著成效，为打赢疫情阻击战提供了坚实的服务保障和信心支撑。

2021年夏，他前往山西省吕梁市中阳县开展科技志愿服务，基于专业方法和系统学习开展短期科创支教。在暑期支教过程中，他积极参与课题组教学工作并圆满完成队伍各项工作，积极在支教教学中讲出特色、讲出情怀，为学生种下科技筑梦的种子。

2022年春，他积极参与北京2022年冬奥会和冬残奥会城市志愿服务，负责在场馆周围普及冬奥知识、解决需求困难、营造良好氛围。在天气寒冷的值岗期间，他坚持在户外进行志愿服务服务工作，多站一班岗、多服务一些群众，以饱满的精神状态服务冬奥盛会。

■ 北京冬奥会城市志愿者服务

二、无偿献血，温暖四方

马逸行在校期间积极参加无偿献血等公益活动，大一入学就积极关注和参与献血相关活动。他入校后选择加入中华骨髓库，随时为成为一名造血干细胞供者而积极准备。

不仅如此，他也积极参与无偿献血和中华骨髓库的宣传活动和志愿服务组织工作。在红十字会组织的校内无偿献血活动中，他积极协助进行献血者政策讲解、引导等工作；他积极参加并通过北京市红十字会造血干细胞捐献志愿者协会培训并成为注册志愿者，广泛参与校内及社会面造血干细胞捐献宣传科普志愿活动。

三、科技文化，融合传播

马逸行在积极学习专业知识的同时，也在不断思考如何将自己的

■ 无偿献血记录

所学所思应用于志愿工作中。在他看来，专业化服务是提高志愿服务效益、实现志愿服务高质量发展的重要抓手。

因此，在暑期支教前他系统学习教育教学相关专业知识，参加国家教师资格考试，并积极学习有关部委文件精神。在培训过程中，他和团队共同研究教学资源的开发整理与试讲练习，提高整体教育教学专业性和科学性，致力于在支教过程中讲出品牌优势特色、提供重要课程补充、带去科技人文情怀，为青少年种下科技兴趣种子。

在实际授课中，马逸行注重利用自身专业所学，设计特色教学方法，选择信息化教具和多媒体资源开展个性化讲解，并引入编程思维下的探究活动等，极大拓宽了学生视野。

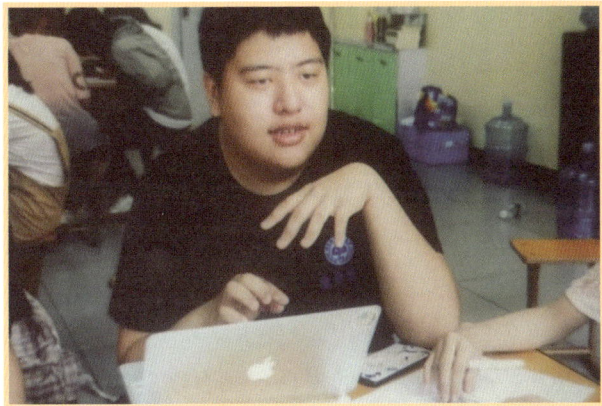
■ 支教讲解活动

四、感悟心声

　　志愿活动不仅意味着付出，也会带来宝贵的收获。在我看来，志愿服务也像"打怪通关"，我们在志愿服务中不断积累经验，而这些经验也会为自己的成长提供源源不断的动力。在此，我想结合个人经历谈谈自己的收获与感悟。

　　首先，志愿者的培训与学习，为我们搭建了较大的知识密度和模拟场景实践。这不仅是个人服务水平、工作任务技能和复杂情况处理手段的提高，同样是不断积淀、逐渐进步的过程。以支教为例，从培训到出队支教，我担任助教的经历和教资考试知识储备都帮助我更好地完成工作任务，也促使我发现实际教学中可能存在的改进空间，并不断优化结构、提升服务成效，为今后的学习工作都打下了坚实基础。

　　在"挑战杯"志愿服务中，我作为一名餐饮组志愿者，主动选择并承担人流密集交叉、工作相对烦琐的重要岗位。更多岗位意味着更多付出，重要岗位意味着更大责任：在他人就餐时，我们需要错峰就餐以保证赛会环境正常运行；在遇到突发情况时，也需要我们进行最及时的反应处理。这些经历也让我理解了一个道理：任何岗位都是重要的，我们都可以在其中发光发热。同时，志愿服务不仅仅是单纯的付出，也需要培养自己的思考——如何能够更好地服务他人？是否可

209

以改进服务流程以更高效率达成更佳效果？入选并参与大型赛会服务的过程也带给我更多这些方面的认识和成长。

通过积极参加各类志愿活动，我也得到了充分的成长。在校期间，我参与双旦晚会、校庆嘉年华、校区转移等各项服务保障工作，特别是北航国际暑期学校志愿者经历，不仅锻炼了我的外语交流能力，认识了不同国家和地区的朋友，也为我提供了广阔平台机遇去展现北航大学生和北京青年的良好精神风貌。

在形形色色的志愿活动中，我也从一开始的"社恐"小白，到获得志愿者表彰；从一开始的懵懂，到有幸参加大型赛会服务……志愿公益是一段没有终点的旅程。这份事业可以让"奉献、友爱、互助、进步"的志愿精神内化于心、外化于行，会指引我们遇到更多的朋友，迎接更加丰富多彩的美好世界。我愿秉持为他人服务，为社会做贡献的初心，结合自身专业知识学习，努力成为一名更优秀的志愿者！也期待朋友们一同投入到志愿公益服务队伍中，为社会发展贡献出自己的青春力量！

李逸晖：但行好事，莫问前程

李逸晖，男，北京航空航天大学计算机学院2018级本科生。李逸晖积极投身于志愿服务工作，大学四年来共参与39个志愿项目，志愿时长共计963小时，曾获北京航空航天大学2020年度"十佳志愿者"、北京航空航天大学"优秀志愿者"、北京航空航天大学志愿公益特等奖学金等荣誉。

一、志愿初始邂逅夏奥

2008年举世瞩目的奥运盛会，让北京志愿者的微笑传到世界各地。李逸晖也有幸于现场感受了北京志愿者的风采，真切地感受志愿工作的别样魅力。从高中开始李逸晖就在社区或跟随学校社团进行社区值班、看望老人等力所能及的志愿服务项目。

进入大学后，李逸晖加入了北航蓝天志愿者协会和士谔书院志愿实践部，之后又加入校团委志愿者工作部。从此真正推开了志愿服务工作的大门，与志愿服务结下了不解之缘。大学三年中，李逸晖在忙碌的学习生活中"忙里偷闲"地参与到志愿服务中，参与了社区助老关怀、线上线下支教、大型志愿服务等多种类型的服务，热忱地投身

■ 参加蓝天志愿者协会

211

于服务群众、奉献社会的志愿工作中。

二、矢志笃行支教助老

大学三年来，李逸晖多次参与助老和支教等关怀活动，发扬一位青年大学生的爱老敬老精神，向社会传递温暖，播撒人间大爱。李逸晖多次前往社区，与老人交流，关怀老人的精神状况，在现场与老人进行智能手机的教学，为子女繁忙的老人送去所需的温暖与陪伴。

同时李逸晖也多次参与学期支教和暑期支教等线上线下支教活动。看着孩子们闪亮的双眼，听着孩子们不舍的呼唤，李逸晖深刻意识到支教活动是非常珍贵的与孩子们深入交流，去阅读他们美丽干净的内心，去了解他们的酸甜苦辣喜怒哀乐的机会。300小时的支教活动，李逸晖尽己所能地将自己的所学所感传递给这些渴望知识的孩子们，希望这短暂的相遇能够为这些孩子们开启人生的新篇章。

■ 湖南怀化乡村支教

三、提升自我勇担重任

除了日常参加的志愿活动之外，李逸晖也积极地参与到大型志愿服务项目中。作为北航志愿者乃至首都志愿者，不再仅仅代表自己的个人形象，代表的更是北航甚至首都的志愿者形象。在国庆70周年庆祝活动中，李逸晖在群众游行方阵中自豪地走过天安门前；在"挑战杯"全国大学生课外学术科技作品竞赛中，李逸晖作为对接保障组组长负责与来自各校的老师进行对接保障工作；在国际服务贸易交易会、童书博览会中，李逸晖也都担任组长等重要职务。在新冠肺炎疫情防控的压力下，与志愿者们一同圆满地完成赛会服务的保障项目，展现北航志愿者的亮丽风采。2021年，李逸晖有幸成为12位志愿者团队的一员参与到冬奥会测试活动中，以查漏补缺为目标，进行了多岗位全方位的测试。2022年1月，李逸晖以一名志愿者的身份参与到冬奥会的志愿服务中来，服务于国家高山滑雪中心，实现了儿时的梦想。

■ 2021 相约北京测试活动　　　■ 2022 年北京冬奥会

四、敢为人先抗击疫情

2020年，新冠肺炎疫情暴发之后，李逸晖积极响应学校的号召，参与到学校的各项志愿服务项目中，作为一名志愿者积极对抗疫情，并为同学们积极创造疫情期间志愿服务的机会。

线上，李逸晖参与并协助组织与"壹桌计划"联合举办的"壹桌x北航"在线辅导计划，为受疫情影响的中小学生提供学业辅导；组织并参与了"手拉手"线上教学活动，为抗疫一线的医护人员的子女们提供在线辅导，让医护工作者们没有后顾之忧。

线下，李逸晖积极参与学校提前批接站活动，担任站点负责人，保障博士生和辅导员安全顺利返校；参与北航强基计划招生考试志愿服务项目并担任组长，为向北航行的大一新生保驾护航。

学生返校开课之后，李逸晖作为北航蓝天志愿者协会会长和校团委志愿者工作部副部长，积极为同学们筹划并开拓校内的志愿服务项目，为同学们在疫情常态化的情况下尽可能拓宽参与公益事业的平台。在服贸会、童博会等大型志愿服务项目中，李逸晖也担任组长等重要职务，尽管疫情使得工作更加繁重，统筹更加困难，在与志愿者们的一致努力之下，圆满完成了志愿任务，彰显了北航志愿者的靓丽风采。

■ 中国国际服务贸易交易会志愿服务

■ 博士生与辅导员返校

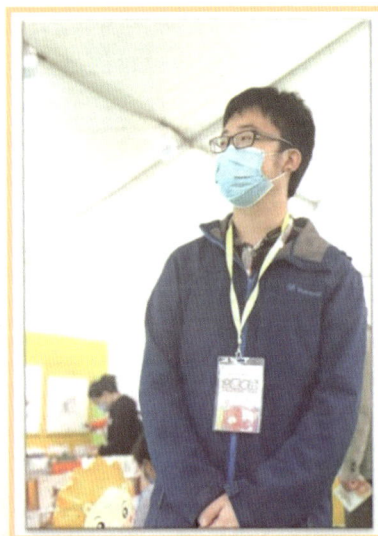

■ 参与童书博览会志愿服务

■ 新生接站传承发扬志愿精神

在有了充足的志愿服务经验、在志愿活动中有所获有所得之后，李逸晖选择将自己的所获所得传播出去。不仅仅作为一名志愿者，更要做一名志愿精神的传播者。李逸晖作为书院志愿实践工作负责人，第一次组织策划了团员进社区系列活动，活动历时一个半学期，覆盖了6个社区，参与志愿者近百人。从与社区负责人来回电话商量志愿工作大体开展方向，到志愿者具体服务时间和志愿时长的录入等细小问题，李逸晖最终成功邀请书院更多同学参加志愿服务，完成了士谔书院创建以来第一个长期志愿服务项目的开展，并曾荣获士谔书院志愿形象代言人的荣誉。

随之，李逸晖更加热情、主动参与到一些大型志愿活动中去，也有幸负责、组织策划了许多大型志愿服务项目。担任蓝天志愿者协会会长和校团委志愿者工作部副部长期间，作为负责人承办了许多校园内的志愿活动和公益项目。连续三年组织校内、车站的大学生迎新工作，带队现场踩点，组织物资部署，进行骨干志愿者培训。响应世界自然基金会的号召，在北航校内发起"地球一小时"环保活动，组织大家走出宿舍和教学楼，进行夜跑、参加社团展演等活动，呼吁大家节约能源，保护环境。

在组织策划志愿活动中，李逸晖坚持干中学、学中干，加强与首都各高校的志愿者的联系交流，不断充实自己。李逸晖多次组织参与和北大、北师大等多所高校的志愿者协会的交流活动。曾连续两年组织筹办"V蓝北航"志愿者交流论坛，邀请北京市近30所高校的志愿组织参加交流，与各高校志愿者同仁们交流探讨如何举办学校特色志愿活动，讨论高校志愿服务发展方向，集青年之力，展志愿之风。

■ 与北京中医药大学志愿者交流　　■ "V蓝北航"志愿者交流论坛

五、以身服务以心感悟

在参与了种类繁多的志愿活动、见过了形形色色的人、收获了各种各样的感动之后。我认为志愿服务其实都是殊途同归的，在志愿活动中我锻炼了自己的能力，也磨炼了吃苦耐劳、坚持奋进的思想品德。这对我的学习和校园生活也有着极大的帮助。同时，种种志愿服务在不同程度上提升了我作为一名北航志愿者的使命感与认同感。相较于传统的爱国主义教育，志愿服务让我感觉作为当代大学生真正意义上在为国家做奉献，使得爱国从口号走向实际。

习近平总书记指出，志愿服务是社会文明进步的重要标志，是广大志愿者奉献爱心的重要渠道。志愿服务就是在不求回报的情况下，为改善社会、促进社会进步而自愿付出个人的时间及精力所做出的服务工作。在四年的志愿服务经历中，我有如下的认识与感悟：

志愿者要抱有爱心、完成工作要耐心、做事要细心、做志愿要虚心、做服务要有恒心。志愿者在服务中应抱有一颗仁爱之心，去撒播自己的温暖，不忘初心，真心实意地去帮助需要帮助的人。在志愿服务中，当代的大学生普遍会有自视甚高的问题，我经常会听到志愿者认为志愿服务过于无聊，工作过于简单的言论。而经常出现的结局是，志愿者由于自视甚高而忽视了培训，最终导致工作出现错误，或者因为粗心导致志愿服务出现问题。我认为，或许志愿服务看着很微不足道，但是每位志愿者就像一枚螺丝钉一样在贡献着力量，任何一处出现了问题都会导致全线崩溃。同时，我认为一位好的志愿者是不会昙花一现的，他会持之以恒地参与到各种志愿服务中去，向世界展现他的风采。

志愿者要进一步加强做好志愿服务工作的使命感、责任感。我认为，做一名志愿者是非常光荣且十分重要的一件事。志愿服务是我们社会发展的必然需要，青年志愿者理应承担起这份责任，彰显强烈的使命感，投身于社会主义公益事业中。但是我也见到了许多人抱着很高的热情来到志愿活动中，一段时间之后却感到很疲惫并且失去了兴趣。我认为在志愿服务中，志愿者需要有极强的自驱动力，有极强的使命感与责任感才能够圆满完成志愿服务任务。

志愿者要秉持奉献精神与爱国精神。志愿者最根本的含义就是指自愿进行社会公共利益服务而不获取任何利益、金钱、名利的活动者。

青年一代有理想、有本领、有担当，国家就有前途，民族就有希望。而大学生则是培育社会责任感的主体，社会责任感的提升有利于当代青年积极投身社会主义现代化强国的建设。社会主义现代化强国的建设包括但不限于助老、支教、扶贫、环保等等各方面的志愿服务项目。还是那句话，各项志愿服务终究是殊途同归的，一切志愿服务项目的根本我认为都可以说是当代大学生走出校园，走向基层、走向人民、奉献自己、培养爱国精神的过程。

志愿者的路必定不是一帆风顺的，尽管每个志愿者都是出于自己的意志在奔走，却也是共同扶持、共同为一个目标而努力。

在你初来乍到时，会有前辈引领你向前；在你遭遇挫折时，会有朋友与你相互温暖；在你播撒阳光时，会有志同道合之辈与你同行。大家共同书写了一个充满爱与希望的故事，他们聚拢成希望的火照亮漫漫长路，散落成明亮的星散发着微光。

感谢每一位志愿者，我们不一定相识，但或许相知，相信我们都仍在尝试，用爱交换爱，用信任交换信任。但行好事，莫问前程。相信我们的努力，可以传播志愿精神的火种。

吕子良：青春无问西东，岁月自成芳华

吕子良，男，汉族，中共党员，北京航空航天大学自动化科学与电气工程学院2018级本科生。

作为新时代大学生志愿者，吕子良在校期间始终坚持践行志愿公益事业，累计参与重大活动、疫情防控、科普支教、社区关怀等志愿项目71项，服务时长1689小时。曾获北京市三好学生，北京市五星志愿者，北航榜样——大学生年度人物志愿公益之星，"北航青年五四奖章"提名奖，校十佳志愿者、优秀志愿者、三好学生、优秀学生干部等各类荣誉奖项近40项。

吕子良同学在校期间曾担任校团委实践部部长、校学生会主席团成员等职务，是北京市学生联合会第十三次代表大会代表、主席团成员，北航第三十一、三十二届学生代表大会常任代表。现为北京航空航天大学第24届研究生支教团团长、党支部书记，将在本科毕业后赴祖国西部开展为期一年的支教工作，扎根基础教育工作，播撒空天报国情怀。

一、志愿故事

初识志愿，温暖相伴

入学前，吕子良便成为志愿北京注册志愿者，报名参与到学校的迎新接站志愿服务中。作为北京站接站志愿者，为同是新生的同学们提供暖心的服务。他表示："能够以新生的身份迎接新生，是一次很有趣的体验，我在这里感受到了自己的价值，也在北航志愿者的大家庭中感受到了温暖。"自此，吕子良加入志愿者的队伍，在北航的四年生活中广泛参与到了各类志愿服务活动之中。

躬逢其盛，与有荣焉

2019年10月，吕子良作为框架骨干参与了国庆70周年群众游行庆祝活动，高质量完成组织交给的任务，在第九方阵第一排高喊"祖国万岁"走过长安街。

2021年7月，吕子良作为志愿者骨干参与建党100周年庆祝大会，服务中国人民解放军空军部队的参会人员，事迹受《北京周报》采访和报道。

■ 吕子良（左）参与建党100周年庆祝大会志愿服务

他表示："经历一场场空前震撼的爱国主义教育，我真切地感受到了自己的理想追求融入了党和国家的壮丽事业之中。我们既是追梦者，也是圆梦人。我相信，通过我们一代代青年人不懈奋斗，中华民族伟大复兴的中国梦一定能够实现。"

服务冬奥，绽放青春

在北京2022年冬奥会和冬残奥会期间，吕子良作为国家高山滑雪中心闭环内缆车引导志愿者组长，服务于上岗最早、环境最冷、工作时间最长的岗位之一。常常凌晨4:30从驻地出发，在体感温度零下30摄氏度的室外站立工作近10小时，维持交

■ 吕子良在国家高山滑雪中心

通大动脉——缆车的乘车秩序，使用中英双语与上千名运动员、媒体

记者打交道，做高山之巅的"螺丝钉"。

在近70天的闭环管理中，吕子良与组内志愿者携手同行，克服疫情、生活、心理、学业上的诸多困难，服务保障了同样精彩的"两个奥运"，是全校服务时间最长的一批志愿者，作为"燃烧的雪花"，汇聚微光，温暖世界。曾受央视新闻、CCTV《新闻联播》《朝闻天下》《北京日报》等媒体报道，获文馨基金社会公益专项奖学金冬奥服务个人（全校10人）、国家高山滑雪中心"志愿之星"等荣誉。

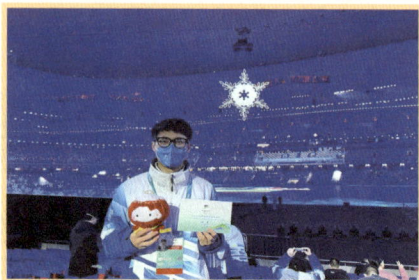
■ 吕子良在北京冬残奥会闭幕式现场

疫情防控，主动担当

2021年，吕子良的家乡黑龙江省牡丹江市出现新冠肺炎疫情本土病例，他主动向社区报到参与疫情防控工作，进行入户调查、悬挂横幅、分发防控手册、宣传疫情防控知识，同时还负责了社区退役军人建档立卡、人大代表选民信息统计等工作，总服务时长超过100小时。他表示，在亲身参与、身体力行中，我感受到了基层工作者的基层工作的大有可为。

■ 吕子良在街头宣传疫情防控知识

科普支教，放飞梦想

吕子良曾组织蓝天之梯支教队连续三个假期前往山西省中阳县等10余个地区，为超过2000名中小学生带来了生动的科普盛宴，事迹受团中央"创青春"、《山西日报》等媒体报道。"教育不是注满一桶水,而是点燃一把火",吕子良说:"我们与孩子们一起在探索世界的路上仰望皓月星空,为他们多指一颗星,待世界葱茏时,望他们振翅云天。"

2021年7月,吕子良负责筹备了首都高校科技志愿服务总队成立仪式,起草总队章程,推进首都高校科技志愿服务活动常态化、定点化、规范化开展。成立以来,首都高校科技志愿服务总队主动与国家发展前景同向同行,积极服务于国家重大发展战略。2021年暑期,首都高校科技志愿服务总队以"青年服务国家,科创强国有我"为主题,结合建党百年、"十四五"规划及2022年北京冬奥会。立足北京"四个中心"功能建设和"青创北京"建设,为首都高校学子搭建实践成长平台,展现新时代北京青春风采。引导青年学生走上课堂讲科普,走入田野传科技,走进基层话冬奥。开展了宣传科技知识、弘扬科学精神,讲好科学故事、树立科学理想。运用科创成果、助力乡村振兴,服务"科技冬奥"等专项社会实践活动。组织20所高校96支队伍深入乡村振兴一线开展科普支教等活动,覆盖18万余人次。

■ 吕子良(右一)在全国科普日北京主场参展

吕子良有幸作为代表参与全国科普日北京主场活动,向中央宣传部部长黄坤明,全国政协副主席、中国科协主席万钢等领导同志汇报工作成效,得到肯定。

奔赴西部，无问西东

吕子良选择加入中国青年志愿者扶贫接力计划研究生支教团，作为北航研究生支教团团长，将在本科毕业后奔赴祖国西部，扎根基础教育工作，点燃学生科学梦想，播撒空天报国情怀，"用一年不长的时间，做一件终生难忘的事"，让青春在党和人民最需要的地方绽放绚丽之花。

二、志愿感悟

习近平总书记曾说，志愿者事业要同"两个一百年"奋斗目标、同建设社会主义现代化国家同行。志愿服务是社会文明进步的重要标志，是广大志愿者奉献爱心的重要渠道。对于我们青年学子来说，志愿服务是认识社会、了解社会、运用所学服务社会的重要方式。志愿者的身份是责任，是认可，是爱与奉献。

长久以来我一直在思考，青年人应当以怎样的精神气质、责任担当、理想抱负去投入到国家建设、民族复兴的征程中，为祖国、为人民做出实实在在的贡献。即将本科毕业，奔赴3300公里外的新疆阿勒泰地区开展为期一年的支教工作的我，面对"如何才能不虚度人生"的青春之问，做出了坚定的回答。未来一年，我将以实际行动响应习近平总书记"到党和人民最需要的地方建功立业"的号召，坚守立德树人使命任务，填充教育教学缺口、牵引一流资源平台、引进优质教育理念、追求出色教学成绩，坚守初心，无问西东，在实现中国梦的伟大实践中书写无悔的青春篇章。

夏侯超：心怀明天，爱成彩虹

夏侯超，男，中共预备党员，北京航空航天大学宇航学院2018级本科生，已推免至本校飞行器设计专业攻读硕士研究生。曾担任北航彩虹明天公益社社长，荣获海淀区三星级志愿者、校十佳志愿者、校优秀志愿者、校优秀生、"宇航榜样"志愿之星等荣誉近50项。

■ 夏侯超

一、热爱志愿公益，坚定理想信念

心怀感恩，服务他人。专业学习之余，作为一名志愿者，夏侯超累计参与短期支教、关心关爱、科技志愿、社区服务、大型赛事等社会公益项目38个，志愿时长达839小时，照亮自己、温暖他人，用实际行动践行"奉献、友爱、互助、进步"的志愿精神。

■ 在打工子弟学校爱心支教

2019年10月，作为"关键抉择"方阵框架骨干，参与国庆70周年群众游行庆祝活动，走过长安街，为祖国庆生；2021年9月，作为导引志愿者，参与第24届北京科博会志愿活动，贴近时代脉搏，贡献青春力量；2021年春，响应十四五规划中"畅通志愿者参与社会治理途径"的号召，作为组织者和志愿者，夏侯超参与为期8周的海淀区北太平庄街道社区志愿服务，在亲身参与、身体力行中，感受到基层党员的模范作用、基层工作的大有可为，坚定信念，砥砺前行。

■ 第24届北京科博会志愿服务　　　　■ 海淀区北太平庄街道社区服务

二、结缘同行伙伴，汇聚爱心善意

■ 校园公益推广

携手同行，共绘明天。一个人的能力是有限的，而一群人的力量却是无限的。2021年，夏侯超曾担任宇航学院指导的彩虹明天公益社第13任社长，开创及管理十余项校园志愿服务项目，融汇爱心善意，汇聚志愿力量，为北航学子搭建公益平台、拓宽公益渠道。

疫情期间，组织策划"小小彩虹梦"故事录音项目，以声音传情，用爱陪伴入眠，招募277名志愿者，为偏远山区孩子们送去522篇温情小故事，校内外反响热烈；作为发起人，组织召开北京高校志愿

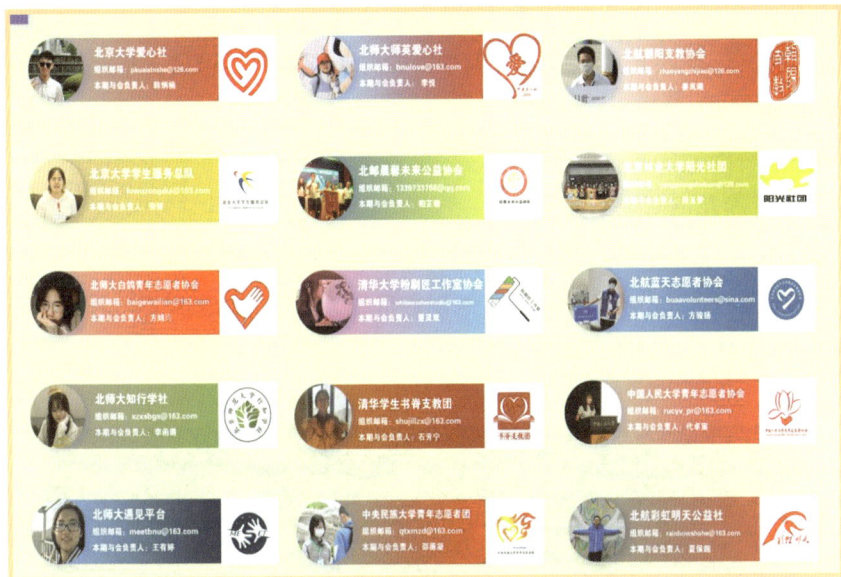
■ 高校交流合作

服务交流会，汇聚清北人师等8所首都高校力量，共同探讨志愿新形式，推进公益合作；带领彩虹明天的同学，学习"北京榜样"廖理纯校友的精神，跟随"德立墨芳"植树志愿团，赴张北草原绿化祖国沙地，展现了北航学子的使命与担当，相关事迹受官微等新媒体宣传报道。

■ 在张北植树造林

三、弘扬志愿精神，彰显使命担当

芳香氤氲，传播四方。参与、管理了众多志愿服务项目后，夏侯超意识到志愿服务是社会文明进步的重要标志，代表着一个国家、一座城市、一所学校的形象，作为主力军的中国青年更应担负起弘扬志愿精神、传递向善力量的责任与使命。

2021年获评北京航空航天大学"十佳志愿者"，讲述志愿经历，分享志愿感悟，弘扬志愿精神，引领志愿风尚，取得师生一致好评；倡议成立首都高校科技志愿服务总队，携手科技助力振兴，并代表北航于2021年7月出席总队成立仪式暨首都"青年服务国家"学生社会实践出征仪式，许下"强国有我，请党放心"的铮铮誓言；联名撰写文章发表在"中国志愿服务研究中心"平台上，总结管理经验，赋能志愿青春，号召更多的同学投身志愿公益，实现人生价值。

■ 出席首都高校科技志愿服务队成立仪式

四、激扬青春梦想，矢志空天打造公益教育新模式

志在四方，实践真知，在乡村振兴一线中放飞青春梦想。今年暑期，夏侯超担任"川航e家"实践队总负责人，带领团队重回四川开展支教调研活动，以支教助力新时代教育强国建设，借调研赓续共产党人的精神血脉，为乡村振兴注入青年活力。

在夏侯超的带领下，来自全校17个学院的40名团队成员，勠力同心、团结一致，克服重重困难，以线上线下相结合的方式，前往四川两个少数民族地区——北川羌族自治县和马边彝族自治县，开展了为期24天的支教调研，并通过书信交流等方式与孩子们取得长期联系，打造孩子们喜爱的公益教育新模式，用知识滋润未来花苞，用温情呵护祖国花朵；同时，在中国科协、北京团市委、北京市科协的支持下，作为首都高校科技志愿服务总队的首批成员，发挥北航专业特色，开展科技志愿服务，科普航天知识、体验火箭制作，播种空天梦、厚植爱国情，展现北航学子的良好风貌。

■ 在四川省马边彝族自治县开展乡村支教活动

五、砥砺奋进青春，满载荣誉开启志愿公益新征程

辛勤的付出换来了喜人的回报，夏侯超用实际行动赢得了身边伙伴们的支持与鼓励，带领团队扎根基层一线、服务发展大局，助力彩虹明天成长为志愿服务领域的旗帜与招牌，深受领导老师们的肯定与赞赏。

踏实的努力与辛勤的付出，终化作满载荣誉的自豪与荣耀。2021年，助力集体获评团中央知行计划"榜样100全国最佳大学生社团"（连续三年）、"为爱上色"中国大学生农村支教奖、校五星级社团

（连续八年）、校风采传媒奖等荣誉。2021年4月，带领团队获评文馨基金社会公益专项奖学金，并作为获奖代表向怀进鹏院士等领导做专题汇报，总结了彩虹明天近年来在志愿服务领域所做的贡献，表达了未来继续将志愿公益项目落到实处的决心和信心。2021年10月，带领团队获评团中央知行计划核心项目全国百强、北京航空航天大学暑期实践一等奖等荣誉，中国青年网、《中国共青团》杂志、中国青年志愿者、四川青年志愿者等媒体相继专题报道实践事迹，将青春和热血献给祖国，不忘公益初心，奔赴新的征程！

■ 爱馨奖学金颁奖仪式上的专题汇报（左）与合影留念（右）

六、志愿收获

"雷锋精神，人人可学；奉献爱心，处处可为。"从志愿服务奉献爱心善意，到社会实践丈量祖国大地，每一份经历都加深了我对新时代志愿者和大学生公益的理解，激励我不忘初心，砥砺前行。

自大一起我便投身志愿公益事业，转眼间已经坚持到了大学的尾声。回首志愿之路，有感动也有迷茫，有成长亦有跌倒，但我从不后悔我选择的这份平凡而伟大的事业，因为热爱，所以坚持。

天爱自助者，大爱助人者。2008年，一场灾难悄然发生，一群学生毅然出发，自此川蜀大地上，留下了北航学子的足迹，传承着彩虹明天的期许。14年后的今天，当我们再次回首这段往事，是否有人会记得当年奔赴四川的感动与期冀？是否有人会想起这群坚持了14年的彩虹人？是否有人会好奇心怀爱心的他们现在在做些什么？没错，这就是打动我的地方，也是让我坚持下去的动力。"哪里有需要，哪里就有彩虹人"的精神已然印在了我的脑海里，或许我们能做的事情非常有限，或许我们做得微不足道，但这份精神代代相传，我们通过自己的行动赢得了人们的尊重，让更多心怀爱心善意的伙伴们加入彩虹人的行列，一同为爱发电、为爱上色！

作为一名热心志愿公益的参与者，感受做志愿过程中开心与快乐的同时，我也逐渐认识到志愿者个体力量的薄弱，需要汇聚志愿者的力量，做更多有意义的事。很幸运，在最美的年华我遇到了彩虹明天，成为一名汇聚爱心善意的管理者，结识了一群志同道合的小伙伴，开创了一批颇具特色的精品项目，留下了一笔浓墨重彩的青春回忆。我们的工作获得了社会各界的一致认可，在一代代彩虹人的接续奋斗之下，彩虹明天成为志愿服务领域的一块招牌，我也有幸成为一名弘扬志愿精神的引领者，为志愿者们发声，为公益事业建言献策，号召更多的同学从点滴小事做起，努力在社会各界展现北航学子的良好风貌，为共建和谐社会献出青春力量！

■ 北航彩虹明天公益社迎新会

七、感悟心声

青春由磨砺而出彩，人生因奋斗而升华。"予人玫瑰，手有余香"，投身志愿公益，奉献爱心善意，世界将变得更加美好！以心换心、用爱发电的同时，能力得以提升、视野得以开阔、胸怀得以宽广，大学时光中的这些经历、这些故事、这些伙伴也将成为你未来人生的一笔宝贵财富，助力你走向心中期待的那个远方！

志同者不以山海为远，希望更多的同学加入志愿者的行列，发扬"奉献、友爱、互助、进步"的志愿精神，在志愿服务的工作中发光发热，并将个人的发展融入祖国的需要，努力成为堪当民族复兴重任的时代新人，让青春在为祖国、为民族、为人民、为人类的不懈奋斗中绽放绚丽之花！

■ 彩虹明天公益社 2021 年度社团骨干聘任仪式

江浩林：以奉献，扬青春

江浩林，网络空间安全学院2019级本科生，2021—2022学年担任校团委志愿者工作部学生干部、士谔书院分团委副书记等。日常积极参加志愿服务，具有强烈社会责任意识和奉献精神，参加过2020年中国国际服务贸易交易会、庆祝中国共产党成立100周年文艺演出、北京2022年冬奥会和冬残奥会等多次大型活动

■ 参与校级十佳志愿者答辩

志愿服务，用实际行动践行"青年服务国家"理念。曾荣获北京航空航天大学2020年度"优秀志愿者"、北京航空航天大学2021年度"十佳志愿者"等。

一、志愿精神践行者

志愿服务已经融入了江浩林的日常生活，他积极参与了多种形式的志愿服务活动，并都有出色表现，在服务中践行"奉献、友爱、互助、进步"的志愿精神。

2020年中国国际服务贸易交易会

2020年9月5日—9日，江浩林参加了2020年中国国际服务贸易交易会的志愿服务。岗位工作主要负责查验来宾的北京健康宝的扫码登记，同时积极配合主办方引导嘉宾进行签到，提高进入会场的效率。

在工作之余积极了解关于展会的信息，以便更好地帮助到来宾。

"相约北京"系列冬季体育赛事延庆赛区测试活动

2021年2月，江浩林入选北航12人团队，参加冬奥测试活动志愿服务。白天充分测试岗位工作并收集素材，参加相关培训，召开例会研讨汇报阶段性工作。晚上返回驻地后制作视频、文字材料等，完善工作成果。江浩林还抓住机会将所学知识应用到工

■ "相约北京"系列冬季体育赛事延庆赛区测试活动志愿服务

作中，在经理提出需求后想到利用编程实现对通话发生频次的快速统计。尽管代码较为简单，但确实发挥了作用。作为信息类专业学生在志愿服务中发挥学科和专业优势，提高工作效率。八天时间里克服重重压力圆满完成任务，产出了丰富的工作成果，为正赛的志愿服务打

下了坚实的基础。

热心各类日常志愿服务

新冠肺炎疫情期间江浩林积极响应号召主动参与无偿献血，为确保特殊时期首都医疗用血供应贡献力量。参加迎新系列志愿服务，在北京西站迎新接站，负责引导新生。对待志愿服务踏实认真，全天坚守岗位，受到带队专职辅导员和老师的表扬和鼓励。在集散区协助新生完成报到工作，服务开学典礼保障顺利进行。参加2020中国童书博览会志愿服务，进行验票和预约引导服务。参加立水桥站区平安地铁志愿服务，引导乘客使用自助售票机并解答一些线路问题。此外还参加过全国大学生信息安全竞赛闭幕式、"强基计划"招生考试引导、"漂流书香"图书募集、"你的心愿我来圆"礼物募集、北航微型马拉松、离退休教职工嘉年华、冬奥志愿者面试场务、青少年高校科学营等多项志愿服务。

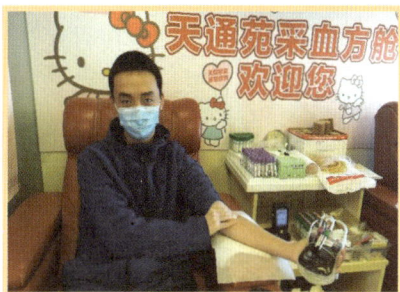
■ 参与无偿献血

■ 迎新接站

■ 服务冬奥志愿者面试选拔

二、志愿活动组织者

在志愿服务中江浩林的角色也逐渐向组织者转变，多次担任领队及负责人，在大型活动中担任组长及车长，更多地为其他志愿者服务。

庆祝中国共产党成立100周年文艺演出

2021年6月江浩林参加庆祝中国共产党成立100周年文艺演出的

志愿服务，前期作为志愿者骨干参加团市委培训及场地踏勘，岗位工作中负责楼梯引导及应急通道通行控制。同时担任组长及车长，负责分发物资，组织志愿者按时参加核酸检测及健康监测填报，组织志愿者乘车并核对名单，收发重要证件和特殊标识等工作。服务期间恰逢春季期末考试，在10天时间里完成了1次实地演练和3场正式演出的服务；3次正式服务，中午12点半出发临近凌晨0点才能回到学校，克服困难协调好服务和复习。这项志愿服务学院路校区44名同学参加，江浩林作为组长和唯一的车长，在岗位服务之外统筹分工，根据校团委老师的安排联系其他组长共同完成任务。

■ 庆祝中国共产党成立 100 周年文艺演出志愿服务

北京2022年冬奥会和冬残奥会

2022年2月至3月，江浩林重返小海陀山，作为国家高山滑雪中心场馆通信中心志愿者，为给世界奉献一场简约、安全、精彩的奥运盛会贡献青春力量。岗位工作中负责监听各个通话组的通话内容并做好记录，以便及时进行事件复盘。对于重要的事件和时间节点及时向场馆主任层和场馆群汇报，保障指挥体系第一时间掌握场馆运行情况。将指挥层的重要通知向各个业务领域传达，保障场馆有序运行。作为测试活动志愿者骨干，江浩林同时担任岗位组长和场馆管理领域组长。他协助经理和主管完成前期的岗位培训，确定各项工作任务分工与和排班，用最快的速度带领志愿者们熟悉岗位工作，进入赛时状态。与志愿者领域对接，总结整理报送各类档案和宣传素材，作为组织者完成好志愿者的管理工作。

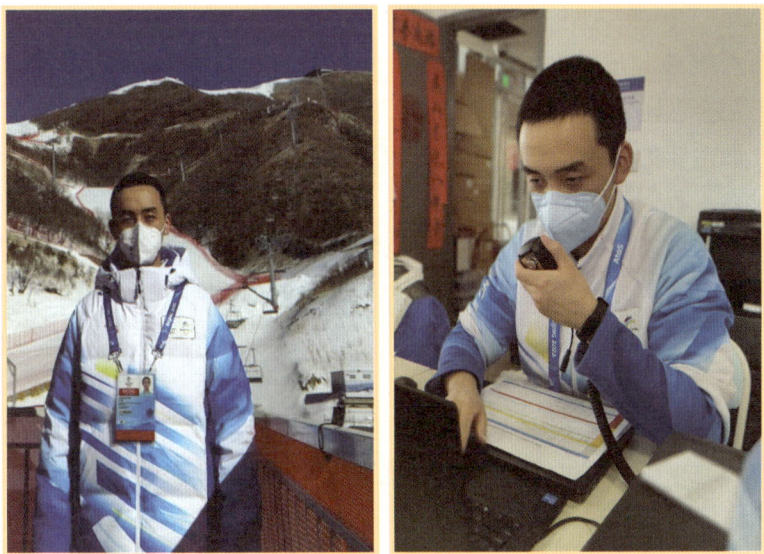

■ 北京冬奥会国家高山滑雪中心场馆通信中心志愿者

三、志愿文化推广者

　　江浩林在积极参加志愿服务的同时也广泛宣传推广志愿服务，做志愿文化的推广者。

　　作为学院星级志愿者代表，曾在学院微信公众号分享志愿服务事迹。2021年3月参加测试活动志愿者交流会，分享服务经历和感受，内容也发布在北航新闻网。

　　学生工作中，他在士谔书院组织团干部培训时介绍共青团对青年团员志愿服务的要求。作为团支书组织志愿服务分享会，介绍延庆赛区及高山场馆的有关情况，邀请入选冬奥赛会通用志愿者候选人的同学分享志愿服务经历和感受，带动更多同学广泛参与志愿服务。

社会实践中，参加"燃烧的雪花"实践队，作为采访组组长统筹采访工作并录制宣讲视频，结合测试活动服务成果，通过社会实践讲述冬奥故事，传播冬奥理念，推广冬奥文化。

四、感悟心声

志愿服务是不求任何回报的，我们自愿付出时间和精力希望可以为社会做出贡献。参加志愿服务同时也是对我们自己各项能力的锻炼，最主要的就是沟通交流能力和统筹安排能力。面对有不同疑问的陌生人，我们需要耐心地逐一解答和引导，这要求我们对自己的岗位工作非常熟悉，并且尽可能全面地考虑问题。工作之余也可以与其他志愿者伙伴们交流经验，分享生活，结识更多的朋友。志愿服务中有所收获，逐渐将志愿服务当成一种习惯，从而更多地参与到志愿服务当中。

我国正处于实现"两个一百年"奋斗目标的历史交汇期，2021年我们迎来了中国共产党成立100周年。我在6月光荣加入共产党，同时以志愿者的身份服务《伟大征程》文艺演出。非常荣幸能在如此特殊的时间点以党员的身份贡献自己的力量。在这次服务结束后我也有幸作为学生代表参加了北京市庆祝活动领导小组志愿者指挥部工作总结会。会上优秀志愿者代表的发言让我深感震撼，同时也了解更多幕后故事，以先进典型为榜样提高自身能力，用实际行动践行"请党放心，强国有我"的精神。

北京是世界上首个"双奥之城"。自2015年申奥成功以来，能成为冬奥志愿者一直是我的心愿。在学校开放团体报名通道后，我第一时间完成了报名，最终顺利入选。经历过测试活动的服务，我提前熟悉了岗位工作，我也向同岗位其他志愿者分享了经验，在服务时更加得心应手。国家高山滑雪中心是北京冬奥会三个示范场馆之一，气温最低、海拔最高，工作条件艰苦、服务周期长。经理将我们形容为场馆的"耳朵"和"嘴巴"，是场馆信息流转的重要中枢，承担如此重任我们倍感责任重大，使命光荣。正如场馆主任所讲，这将是我们一辈子的荣耀。

■ 国家高山滑雪中心——小海陀山山顶

回首过去的志愿服务经历，从最初的一名普通志愿者，到为志愿者们服务的组织者，再到带动更多同学广泛参与的推广者，志愿服务见证了我的青春成长。连续参加重大活动的志愿服务既是对我的考验也是对我的肯定。总书记亲切关怀青年的成长成才，多次强调指出让青春在奉献中焕发绚丽光彩。作为新时代青年，我们定将坚定理想信念，传承志愿精神。以奉献，扬青春。

杨洋：心中有光，素履以往

杨洋，男，汉族，中共预备党员，经济管理学院2018级本科生。入校以来，刻苦学习，专业绩点3.86，大学本科期间保持排名班级第一、专业第一，辅修应用数学双学位，以百分制均分90分成绩毕业。曾获校级学习优秀奖学金、校级优秀学生干部、校级学科竞赛奖学金、校级优秀团员、校级三好学生、校级十佳志愿者、"文馨"疫情防控专项奖学金等荣誉奖励。

■ 杨洋

大学时光中有数不尽值得记录的瞬间，"知责于心，履责于行"与"与国同行，为民奉献"简述了本科生涯中学生工作与志愿活动事迹，"牢记使命，不忘初心"浅谈了在工作与活动中所思所悟。

一、知责于心，履责于行

入学第一天，在广阔的校园里，一位志愿者学长领着杨洋及其父母到了报到处。几位学生志愿者在快速核实其身份信息并办理入学手续过程中，向其提供了各类校园生活建议与信息。作为一名刚入学的大一新生，他感受到的是幸福和归属，也是从那时起，他明白自己作为学生的责任，不只是要保质保量完成学业，还要努力向组织靠拢，奉献个人能量，积极参加各类志愿活动与学生工作，帮助更多人，为班级、学院、学校的建设做出一份贡献。

大一，他在班级中担任学习委员，多次组织开展学科答疑、考前串讲等学习交流活动，增进了同学间交流互动，提升了班级学习氛围。作为一名国家一级运动员，他加入北航羽毛球社团，并担任羽毛球社团负责人。他组织、筹办了2019年北航本科生羽毛球团体赛，推动了学院间羽毛球运动沟通交流，提高了羽毛球运动在北航学生间的普及。作为校羽毛球队成员，他带领校队队员参加国家级、省部级比赛，并在"全国大学生羽毛球锦标赛"中取得男子团体亚军等荣誉。大二，他担任"新生梦拓"，总结了自己大一的所失所得，将经验传授于学弟学妹，帮助

■ 作为学习委员开展主题团日活动

其解决学习、生活中遇到的问题。

大三，他担任经济管理学院辅导员助理、权益中心主任，多次组织、筹办权益座谈会，邀请学院领导、学生参加。同时开设、运营了学院权益邮箱，疏通了学院领导与学生交流沟通渠道，提出并解决了学分核算机制、保研成绩计算方式等学院学生学习、生活中遇到的问题，取得了良好反响。大四，在校团委办公室任副主任，对接各部门，负责物资、报销等工作。四年学生工作经历，从班级到学院，从学院到学校，他始终将师生的权益放置首位，在学生工作岗位上，为学校的建设做出了贡献。

二、与国同行，为民奉献

2020年初新冠肺炎疫情暴发，举国上下无数医护人员、医科学生停下手中工作、学业，投身防疫抗疫志愿者行列，为疫情防控奉献一份力量。作为一名青年大学生，杨洋意识到自己的社会责任，以及作

为青年一代人的使命担当，他第一时间向老师、同学了解如何参加疫情防控以及相关志愿活动，并通过志愿北京平台加入"大兴区益行志愿服务队"。经过多次支教老师培训活动后，他正式上岗成为一名线上支教志愿者。在此期间，他每周天在线上为受新冠肺炎疫情影响或是资源匮乏地区学生进行线上学业辅导。在教学过程中，他曾帮助一名高三学生数学涨分20分，并在最终的高考中取得满意的成绩，获得学生与家长一致好评。除线上参与志愿活动外，2020年5月至7月，他加入"崇州市疫情防控志愿服务队"，每天18点到22点身着防护服，在小区进出口与万达超市进出口为出入人群测量体温并消毒，为保障疫情下居民生活的有序进行奉献一份力量。在此期间，在保证学业不落下、志愿活动不缺勤的情况下，他还组织科研小组同学运用专业知识研究新冠肺炎疫情对国内天然气行业的影响，完成论文一篇并投稿至全国能源经济大赛。在比赛中，他以第一作者身份参赛的论文作为优秀范文在"能源专业知识服务系统"展出。

2021年寒假期间，为帮助地方持续推进后疫情时期疫情防控常态化工作，他报名参与了四川省崇州市团委主办的"疫情防控 青春先行"防疫知识进社区、进乡镇宣讲活动，为多个社区、乡镇带去防疫知识宣讲。在参与防疫知识宣讲志愿活动的3周时间里，他所在的志愿

■ "疫情防控 青春先行"活动后与群众交流

团队多次早上6点驱车前往偏远的社区或是乡镇，从自行布置宣讲活动环境、参与宣讲、宣讲后与群众进行交流沟通到收拾装备赶往下一场宣讲地不断循环，每天工作时长超12小时。在活动过程中，他科学地向群众宣传疫情的危害性，普及如何正确佩戴口罩、如何正确洗手等知识。提升了群众对疫情防控的重视程度，丰富了群众对防止疫情传播的生活技能。获评"崇州市优秀志愿者"称号，获怀进鹏院士资助"爱馨防疫专项奖学金"。

2021年，在疫情稍缓之际，他与科研项目组成员前往建筑工地进行实地调研，观察建筑工人施工安全行为，调查建筑工人班组成员施工作业习惯。按调研内容分析了建筑工人施工安全隐患，从博弈论的视角提出解决方案，并撰写、发表一篇论文于《运筹与管理》期刊。根据研究结果，他多次为建筑工人开展了安全宣讲与安全培训，提升了工人安全意识，促进建筑工人施工作业有序、安全进行。

在本科毕业后，他将作为一名光荣的中国共产党党员，一名北航青年学子，于2022年加入中国青年志愿者扶贫接力计划研究生支教团。以研究生支教团成员身份，用一年的时间，奔赴祖国最需要知识、最需要青年力量的地方，尽他的所能，为西部地区基层教育提供志愿服务，做一件终生难忘之事。数十项志愿服务经历，从解决师生权益问题，至倾力抗疫，与国同行，在志愿者岗位上，他为校、为社会发展奉献了一份力量。

三、牢记使命，不忘初心

四年的学生工作与志愿活动，良多感悟总结为一句：牢记使命，不忘初心。

在学生工作中，我常常能看到身边同志为自己的理想信念，为自己热爱的事业全力以赴，也常常在志愿活动中，看到同伴们的严谨专注和无私奉献。每当这时，我都深刻地感受到我们作为青年一代人的使命与担当就是要努力学习，努力工作，把自己的理想与追求融入党和国家的事业中，多为社会为人民做贡献。

参加完第一次志愿活动——第一次支教活动备课后，我对支教以及志愿活动的意义进行了思考。支教原本是为解决教育资源匮乏问题，而教育资源匮乏带来的不仅仅是学生知识水平低下，更重要的是导致学生见识受局限，且缺乏正能量。志愿活动，则是传递"赠人玫瑰，手留余香"的奉献、友爱、互助、进步的精神。因此，作为一名支教志愿者，我除了应尽师之传道授业解惑之责，还应传递志愿精神，让学生通过受教育形成正确人生观、道德观、价值观。更重要的是，我会用我的实际行动传递正能量，让学生深刻地领悟并牢记我们作为新时代青年人的初心、使命与担当。

学生工作与志愿活动还能给予我思想指引。每当帮助他人时，我都能感到平静且充实，让我去思考人生规划以及更多更深远的事情。曾思考如何提高效率使自己有时间去参加各方面的活动，我的结论是当做某一件事情让人能沉浸其中，能从中思考清楚人生的方向，并在后续发展中按这样的方向前行时，就走上了属于自己的道路，而不是在杂乱无序中烦恼自己终日忙碌而事事无成。漫漫人生长路，这或许才是最高的效率，这也是志愿活动对我的思想指引。

曾作为优秀支教老师受大兴区团委采访：为什么不去做兼职工作而是做无偿的志愿服务？因为兼职工作关注的是一小时几十块钱的收入，放到长远的角度来看，这样的收入并不能带给我们太大的财富，而志愿活动，我们从中获得的是长远的收益，是自我能力的提升，是为实现我们人生价值而作出的努力。因此，希望有更多的同学能走上志愿者的道路，并在这条道路上思考人生的方向，思考如何在人生短短几十年中实现自己的理想与追求。

最后，希望每一位

■ 接受大兴区团委采访

志愿者都能让为社会、为人民做贡献的光永远充满自己的内心，以实现自己的人生理想为追求，牢记使命、不忘初心、不畏艰难、不惧风雨、不问回报。

心中有光，素履以往。

刘奕辰：生命盈以热爱，青春盛以光热

尘雾之微尚能补益

刘奕辰同学作为小班班长组织书院联谊、各种班会活动，在过节时给班级每一位同学写祝福卡片。在书院各个组织的工作中，她着眼同学们的需求，为有共同爱好的同学创建游泳部落。在学业与发展支持中心，多次策划组织

■ 参与迎新志愿工作

预习课，学长经验分享会，自律打卡活动，组建高数答疑群等等，充分调动书院同学的学习热情和互帮互助的学习氛围……在分团委、院学生会等5个院级组织中的工作经历，大大提升了她对为同学、为学院、为学校服务的意识与能力。

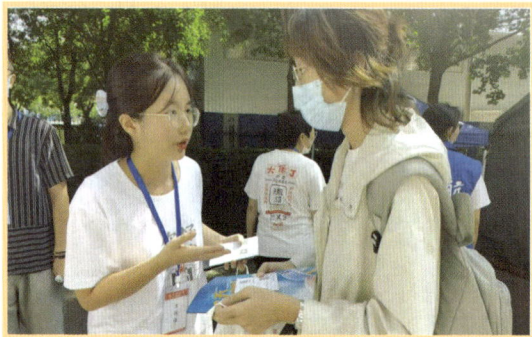

此外，她还参加了一系列活动。参加新生训练营，带领小组参观实验室，在咏曼剧场完成展示，出色地完成了小组长的任务；以自己的姑父在战役中的形象为原型，自编自导自演拍摄校园微电影，歌颂千千万万个在战"疫"一线坚守的白衣天使以及他们的家人；心系同学权益，助力校园发展，提出的"在新主楼、教学楼增设充电宝设施"的提案进入北航第四届提案大赛决赛并获得了优秀奖；关心心理健康，参演出第四届心理剧大赛；参加北航第四届唯实杯辩论赛并获得亚军……

在自己的能力得到初步锻炼的同时，她也开始积极参与学校、书

院各项志愿活动，在中秋节时为同学们分发月饼，担当校运会以及嘉年华外场志愿者；在夏日送清凉项目中为校园里的叔叔阿姨分担繁重的清洁工作的同时，为他们送上小礼物和手写祝福卡片，等等。

在哔哩哔哩联动美中国梦想导师线上支教活动中，她累积授课超过了50小时，与远在千里之外的小朋友通过网络有了奇妙的连接。从教授小学数学、英语、诗词、科普课程，到每天的通话聊天，给予温暖与陪伴；加入北航传承之焰支教团，利用自己的专业优势，开设了"诗词经典背后那些事儿""关于冬奥的诗词课"等课程，为小朋友们从另一个视角挖掘诗词之中的美与趣味，并积极完成队伍教务、调研工作。在优秀的学长带领下，和队员们一起获得了多项荣誉。

掘以星光赓续绵延

在传递温暖的同时，她努力发掘身边的星光，使其更续绵延。大一寒假，在建党百年以及北航建校70周年之际，她和其他几位来自不同书院的同学组成寻星助航实践队，以探寻北航精神为主题，采访了陈志英、杨小远等四位优秀老师以及两位优秀校友，整理资料近3万字，在航行者、冯如远航等公众号共发推送6篇，让全校同学通过其实践队的采访都可以对北航精神有更深刻的认知、更贴切的感受。她的实践初尝在寒假实践评奖中，获得了校级三等奖荣誉。

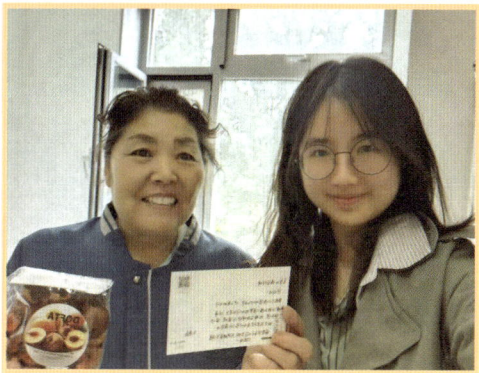

■ 夏日送清凉活动

同时，她还积极参加了返校宣讲的活动，作为三支实践队的总队长以及线上线下宣讲主讲人，采用线下线上相结合的方式，创建"杨中起航"公众号，公众号共计发送推送16篇，总浏览量达3600+；从各个角度向高中的学弟学妹们展示北航的过硬实力和学校风采，在高中各学校引起了强烈反响。

作为北京航空航天大学校学生会实践部的主要负责人，刘奕辰在2021年4月主要负责了联合校团委开展的百年薪火·青春芳华实践文化节外场部分，共邀请9支优秀实践队参与，让全校同学可以有机会接触优秀实践文化，使实践星火赓续绵延。今年暑假，她开设组织了实践风采栏目，联系了20余支优秀实践队利用校学生会公众号平台展示暑期实践风采，累计浏览量达到8000+，进一步展示了实践文化的多姿多彩。

焰火之下更明己任

正值建党百年之际，刘奕辰参与了6月28日在国家体育场庆祝建党百年大型文艺演出"伟大征程"。经过8次校内学习集中排练、8天入鸟巢现场全要素合练、3次现场演出。在"重走百年路·领航新征程——知航红色故事会"中，刘奕辰带领剧组同学一起担任导演、编剧与总负责人，原创话剧《民心月华》经过多次排练，在最后的演出中获得了良好的效果，也在其中真正感受到了共产党员为民奉献，不计己利

■ 参加建党百年大型文艺演出《伟大征程》

的精神；在建党百年的历史时刻下，她还代表书院参与了北航首届艺术节"唱支山歌给党听"学生歌咏比赛；完成了北航第27期团校学习以及院党校学习，多次完成红色实践，获得优秀共青团员的荣誉；大二上学期她作为书院学生会主席，提议策划总负责千里聚缘·共颂百年国庆喜乐会，庆祝党的百年华诞和中华人民共和国71岁生日；作为校党

校免修班小班班长，她组织了一系列党史学习和红色实践活动。

誓以丹心奉与人间

升入大二后，她当上了校级、院级多个组织的负责人，并在开学迎新、部门招新中奉献了自己的一份力量；成为2021级新生梦拓，积极帮助学弟学妹们在学习、生活等各个方面适应大学生活，并积极完成了献血、人大代表选举分站志愿者、荧光夜跑助力环保等志愿活动。

■ 重走百年路，领航新征程红色故事会

感悟心声

在志愿活动中，我意识到永远没有单方向的付出，原来心与心的温暖与贴近是相互的，我简单的一句鼓励、一会儿陪伴，或许就可以点亮、明媚千里之外的又一个生命。

是什么在支撑我对于志愿活动的执着和热爱呢？

支撑我的是鸟巢的盛世焰火下万千中华儿女为祖国发自内心的呐喊、欢呼与热泪，我在现场感受到了鸟巢中展示的党的百年砥砺征

程，也和千万人一起为了心中纯粹而热烈的感动欢呼流泪，感叹毕生之幸，与有荣焉；

支撑我的是小朋友们眼中对于知识的渴望，甜甜的"谢谢姐姐"和最纯净的笑脸；是想到自己一点一滴的努力可以帮助他人、温暖他人的幸福与满足，这份满足总能让千里之外电话那端的我倍感温暖；

支撑我的是服务同学、书院、学校并使之受益的真诚与初心，是和有共同理想的人一起团结奋进的快乐。我自己对于志愿精神的感悟、志愿能力和志愿意识的提升，大多来源于大一开学时参加的各项学生工作与比赛活动。在这一系列的学生工作比赛活动以及志愿初尝的过程中，我逐渐意识到，原来我的一点点努力就可以给别人带来很大的快乐与温暖。我是被需要的，我是可以做一些有意义的、有价值的事情的。认识到"尘雾之微尚能补益，荧烛末光亦能增辉"，我在其中感受到自己在做服务于同学、书院、学校时的快乐和满足，于是便更加尽己所能继续将自己的温暖与热情播撒。

支撑我的是热爱之感，奉献之情，互助之心，温暖之意。因为对于志愿的热爱，我感到我的生命无比丰盈，青春意志茂盛未来，热爱仍赓续，星火永不灭，誓以丹心奉予人间。

王泽滢：
争做大有可为的新时代"弄潮儿"

王泽滢，中共党员，现就读于北京航空航天大学软件学院，北航第二十四届研究生支教团成员。大学四年中，王泽滢共参与志愿项目45项，累计志愿时长1355.5小时，曾获校级三好学生、校级优秀团干部、校级十佳志愿者、软件学院志愿服务之星等荣誉称号。

早在刚刚进入大学时，她就在心中埋下了一颗志愿服务的种子。她一直坚持参与到各式各样的志愿服务工作中去，并在志愿活动中积极弘扬志愿服务精神，在志愿工作中与文明同行，与社会同步。

一、立足生活，积极奉献

大一刚入学时，王泽滢便踊跃报名并顺利加入北航蓝天志愿者协会，在志愿服务工作中不断提高自身能力，努力做好身边力所能及的事，服务同学，服务社会。在校期间，她连续三年担任返校志愿者，确保同学们顺利、平安返校；连续两年参与返乡招生宣讲活动，弘扬北航学子爱国奉献的精神，传承北航红色基因，鼓励高中生同学们树立远大志向。

进入软件学院后，王泽滢在软件学院学生会组织部担任组织部部长。任职期间，她参与组织了学院、学校相关的大型活动10余项，如连续三届元旦晚会，庆祝建党100周年红歌比赛、名家戏曲朗诵会、北航校庆嘉年华、软件学院女生节专场活动、与知行书院联合举办了北航诗词大会，等等，丰富了同学们的生活。

在校团委科技部工作期间，她曾参与承办、组织大型科技赛事4项，如北航第三十一届冯如杯相关系列竞赛、第十一届"挑战杯"首都大学生课外学术科技作品竞赛等，累计参与开展科技竞赛相关会议20余

次，服务科技项目52项，保障了学校创新创业工作顺利开展，努力做好科技创新工作的践行者、推动者。

二、投身社会，勇于担当

2021年1月，王泽滢的家乡石家庄突发疫情，全城实施封闭管理。她几经辗转回到家后，立马投身抗疫一线，担任社区核酸检测志愿者。1月份的石家庄寒冷到了冰点，而当时的疫情防控政策要求每隔三天全员做一次核酸检测。她在寒假期间连续参与了7次小区核酸检测任务，最忙碌的时候在地下车库一待就是一天。她毫无怨言，尽力做好每一个细节，让群众感受到青年志愿者的温暖。微光成炬，没有一个寒冬不可逾越，广大干部群众同心协力，终于打赢了这场疫情攻坚战，王泽滢也光荣地获得了社区颁发的疫情防控志愿服务证书。

2021年暑期，为响应“全民接种疫苗”的号召，她再次加入疫苗接种志愿者的行列中去，在社区医院负责派发物资、登记居民信息等工作，引导居民正确理解、主动配合、科学参与疫情防控工作，尽己所能为防疫工作贡献一份力量。

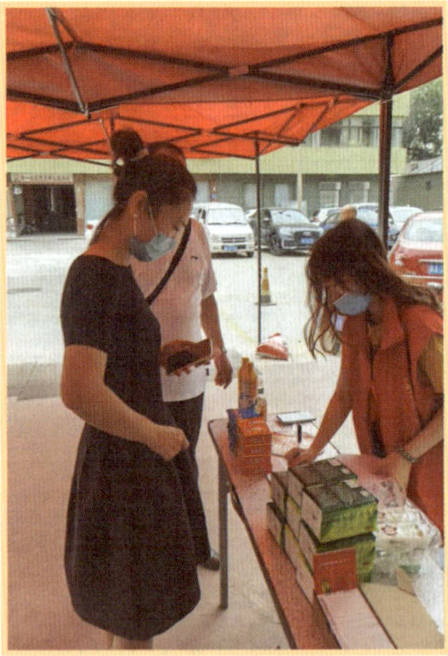

■ 担任疫苗接种志愿者

无论是严冬还是酷暑，王泽滢总是在寒暑假期积极参与到助力文明城市建设、社区环境卫生治理等志愿工作中去，助力家乡城市建设、提高人民生活幸福感，用实际行动践行着“请党放心，强国有我”的铮铮誓言。

三、支援教育，汇聚力量

在刚刚过去的2021年中，王泽滢共参与支教类志愿活动7项，如传

承之焰实践队、育暖航行趣味课、笔墨守望书信交流活动、航空航天小课堂、"小浪花"幸福课线上培训等志愿活动。以课堂授课、书信交流、课程助教、线上趣味课等丰富形式，对从小学到高中各个年龄段的青少年进行授课或交流活动。在多次线上、线下的教学活动中，她也产生了一些自己的思考和体悟。

在支教课堂上，王泽滢积极弘扬"空天报国"的精神，融入北航特色，进行航空航天知识的宣讲和普及。课堂上，孩子们纷纷举手回答问题，下课后也缠着老师们提问。看到孩子们上过课程后对航空航天知识产生了浓厚的兴趣，这无疑是给予她的课程最大的肯定。

王泽滢一直认为，在支教过程中，支教志愿者的角色是老师，更是朋友，而她也一直将"倾听、交流、引导"的理念融入支教工作中。王泽滢在与山西一名六年级女生的书信交

■ 航空航天小课堂上为孩子们授课

■ 王泽滢与高校科学营的同学们

流中，得知这位女生平时非常爱好追星，而追星也是比较容易和家长产生矛盾的问题。王泽滢在尊重这名女生爱好的同时，引导她正确对待追星，把这项爱好变成进步的动力，也让父母放心。在学校组织的暑期高校科学营活动中，她带领中科附的同学们在北航进行了为期一周的参观实践活动。除了完成日程的安排，王泽滢还会积极地和同学们交流，聆听高中同学们的想法，帮助他们解答学习、生活上的疑惑，鼓励他们勇敢拼搏，勇于追梦。在最后一晚告别的时候，同学们纷纷与她约定好两年后在北航再次相见。

王泽滢在支教的过程中，不仅教授书本中的知识，更注重拓宽孩子们的眼界，关注孩子们的成长。2021年暑期，王泽滢跟随传承之焰支教团到山西吕梁北街小学开展支教工作时，担任了书法老师，弘扬我国国粹。而支教团也同时开设了文学艺术、党史教育、航空航天等近十类多学科课程。这些丰富有趣的课程极大地激发了孩子们的学习兴趣。

■ 王泽滢与北街小学的孩子们　　　　　　　　　■ 讲授软笔书法课程

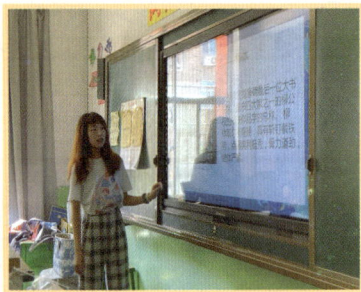

面对当前复杂的疫情态势，他们也展开了后疫情时代支教常态化教学模式的探索。暑期传承之焰支教团首次采用"线上+线下"双模式教学的方式，极大丰富了乡村学校的课程资源，缓解了乡村学校师资力量的不足，带给学生更加优质的课程资源和更全面的陪伴。这是团队为顺应当前趋势所做出的探索。为解决短期支教的弊端，支教团也在不断创新工作方法，除去寒暑假期集中授课外，也在各学期中设计开展个性化活动，保持与学生们的联络，稳定开展后疫情时代的支教常态化教学。

四、感悟心声：不负使命，砥砺前行

我们所取得的种种荣誉以及志愿时长的体现都仅仅是对过去成绩的一种肯定，而不代表着志愿服务的衡量标准。对我们而言更重要的则是不断提升服务质量，在服务中展现我们的热情和温暖，发扬"奉献、友爱、互助、进步"的志愿服务精神。

作为北航第二十四届研支团的成员，我即将赴西部地区支教一年。对我而言，支教不仅仅是单方面付出的过程，也为我带来了很多珍贵的记忆和真切的感受。它为我带来了与孩子们相处的快乐时光；带来了一群志同道合的伙伴们；孩子们总会用朴素真诚的方式表达对我们的感激和不舍，带给我的则是长久的感动和更加饱满的热情；看到孩子们求知若渴的眼神和惊人的想象力创造力。它让我明白我们所做的事情正在为教育扶贫事业带来星星点点的希望，看到越来越多的志愿者加入支教工作中来。我相信，总有一天我们会让教育的格桑花开满孩子们的心中，因为热爱，所以坚持，而这也正是我们一直以来所追求的意义所在。

2022年是北航建校70周年，也是我们出征西部服务地的一年。自进入研支团以来，我们不断锻炼授课能力，丰富自身教学经验，为支教做好充足的准备。我相信我们会继续传承、发扬北航学子和研究生支教团敢于吃苦、甘于奉献的精神，做到深入基层，了解当地的民风民俗，投身西部大开发战略，将个人才干服务于当地教育和经济社会发展，真正做到改善当地教育状况、提升当地教育质量和教学水平，彰显北航学子的人文素养和责任担当，用一年不长的时间，做一件终生难忘的事。同时加强北航和各个服务地之间的联络，带动校园中越来越多的同学们参与到志愿服务中来，以教育传递温度，以志愿探索意义，为迎接北航70周年校庆，也为北航研究生支教团服务事业交上一份完美的答卷。

志愿服务是一项大有可为、极其崇高的事业，更是一项需要长期坚持的事业，需要我们付出巨大的热情，无限的爱心，积极的行动，永远的坚持。习近平总书记曾说："当代中国青年是与新时代同向同行、共同前进的一代，生逢盛世，肩负重任。"我也会继续自觉地将个人理想与国家命运相结合，争做大有可为的新时代"弄潮儿"！

程彦皓：微光汇聚，星河万顷，终将照耀每一个角落

程彦皓是2021届北航外国语学院英语专业的毕业生，在大学的最后一年获得了十佳志愿者的称号。作为一名北航学子，作为中共党员，作为一名基层公务员，他热衷志愿服务工作，并愿意为此奉献他的激情活力，身体力行地服务社会。他坚信一个人的成长离不开国家社会的照顾与关怀，那么长大后自然要怀着一颗回报社会的心。他是这么想的，也努力这样去做。

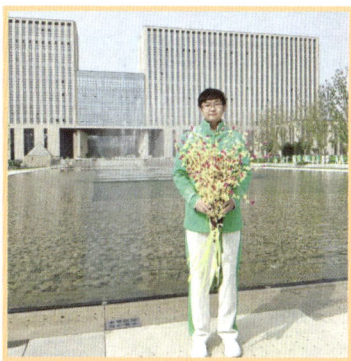
■ 参与国庆70周年庆祝活动群众游行"关键抉择"方阵

一、初识志愿

来到大学后，程彦皓室友的话一番话触动了他想要参与志愿工作的心——"我们人文学子也许不能像咱们学校大多数的工科专业一般空天报国，但我们应当有自己的社会人文关怀。我们一定要去国家最困难，最偏远的地方去走走、去看看，为之贡献自己的一份力，才能算得上不负国家这么多年的培养了。"受此影响，他也计划着要去做些什么，去贡献自己一份力量。

二、逐渐成长

程彦皓热爱志愿公益工作，在大学的四年中，累计获得551小时的志愿时长。仅在大三那年，他参与了10个志愿服务项目，总计时长达

303小时。在国庆70周年庆祝活动中，他作为所在队伍的小队长，作为第三大队的后勤人员，也作为方阵骨干之一，认真完成工作，努力做到更好。后勤工作常常有些琐碎。由于平时还需要训练，所以物资搬运与分配常常在休息时间进行。骨干的任务相较于其他同学来说也更为复杂，在平时的训练之余，晚上也会加练。这样的工作组和大大地压缩了休息时间。但正是这样一份志愿服务工作，锻炼了他的时间管理与协调能力，同时让他感到无比的光荣。

三、主动参与

在随后的寒假中，他又参与了夕阳再晨科技助老活动。帮助老年人学习使用智能手机，方便老人生活。老人接触新鲜事物的能力弱于青年人，所以在帮助老人时，他尽量做到足够细心，用最简单清楚的语言、最细致的态度去对待老人。他认为当代青年不仅要关心时事，着眼社会，同时也要帮助老人享受到新时代的经济科技发展所带来的福利。前人栽树，后人乘凉，但吃水更应不忘挖井人！

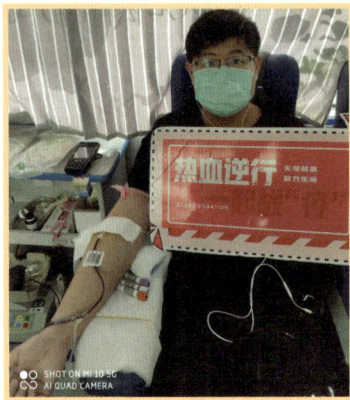

■ 新冠肺炎疫情期间义务献血

四、共克时艰

随着新冠肺炎疫情暴发，各地进入紧急状态。尽管彼时没能获得机会亲赴一线参与抗疫，他也尝试用自己的方式尽一份绵薄之力。他积极参与学院党支部组织的捐款活动。与此同时，由于新冠肺炎疫情期间，前往义务献血的人数骤减以至血库告急，他积极响应号召，并鼓励身边的朋友一起前往血站献血。尽管一人之力十分微弱，但只有每个人都做些什么，才能共克时艰。

度过了最艰难的抗疫阶段后，他参与到了发现身边的战"疫"感人事件征集活动中。用他的笔将抗疫期间的所见所感记录下来。"无名英雄"也应留下姓名！

五、持之以恒

疫情有所好转后，他再次积极投身线下志愿服务工作。奥运村街道团工委下属的青山派志愿服务队，旨在北京地区进行"垃圾分类、垃圾减量"主题相关的环保宣传、教育与实践活动。通过参与塑料瓶、包装盒、文件袋等物回收活动。他在净化身边环境的同时，也收获了许多环保知识。路人看到他进行志愿服务工作时，有些也参与进来。志愿服务工作有时往往并不是一个人能做成的，而是一个人的努力，带动更多的人参与。这样的工作给他带来了满满的成就感。

2020年的暑假期间，尽管受到疫情影响，实践活动很难外出进行，他带领实践队成员进行线上实践活动。通过对前辈先进优秀精神的学习，深化了认知，学到了知识，也树立了向前辈学习的决心！

后来，他作为会议主持参与到了首都志愿者活动之中。尽管时间紧，任务也较为烦琐，但在同学和前辈的帮助下，还是顺利完成了工作。这样的工作不仅是奉献，更是学习。他负责的组别的主要方向是脱贫攻坚。在此次活动中，他开阔了眼界，了解了许多贫困地区存在的问题及可能的解决方案，为今后处理问题打开了思路。

六、不忘初心

如今的我，离开了校园，不再是学生，而是成为一名基层工作者，但不变的是我那颗热衷志愿服务的心。负责社会救助工作的我，努力做好自己的工作，确保国家政策的光辉可以照耀到每一位需要的人。工作不久，疫情再次袭来。此次的我已经做好准备。配合街道，组织居民进行核酸筛查工作。烈日炎炎，汗如雨下，但我为自己圆了一份遗憾感到无比的快乐与光荣。中元节，寒衣节，我主动申请，加入文明祭扫的巡逻工作之中；暴雪袭来，我扛起铲子，为社区居民打通出行之路。

对我而言，对志愿公益的热爱也许并不是一蹴而就的，而是在一次次的工作中，一次次的奉献中，收获快乐，收获成长，并愿意继续投入进去。从第一份大型志愿项目"海峡两岸交流运动会"到大学中的最后一个志愿项目"挑战杯"主持人，四年的时光里，我收获了太多太多，经历了太多太多。这些经历，这些奉献，都在我今后的日子里化为了我最珍贵的财富。

青年志愿者是一个光荣的称号。每个志愿者都不断地为社会贡献着力所能及的一份力量。帮助更多有困难的人，更多需要关心与帮忙的人，体会到生活的美好、社会的关心以及人与人之间的互助真情。一颗火种会点燃一盏灯，一束光会影响另一束光。我是一个平凡的志愿者，做着一些简单却又不平凡的事。也许我的力量还很微小，但我始终相信，微光汇聚，星河万顷，而这星河终将照耀社会的每一个角落。今后的日子里，我将继续带着我的满腔热忱，投入志愿服务工作之中！

曹雨涵：志合同航，山海赴之

曹雨涵，北京航空航天大学法学院2018级本科生，现任校团委志愿者工作部副部长、北航第24届研究生支教团成员；曾获2020年度十佳志愿者、志愿公益奖学金特等奖。

一、天蓝·志愿之梦开始的地方

北航蓝天志愿者协会是曹雨涵志愿服务之路的起点。初入大学的她因为在报道过程中"看到很多志愿者，自己也想加入他们"的简单想法报名了蓝协，成为办公室的一名干事，从此在志愿服务的路上"一去不返"。

在蓝天志愿者协会任职的两年中，从干事到主任团成员，曹雨涵曾响应中华慈善总会"一张纸献爱心"活动举办衣物募集专场，联合北航研究生支教团组织"你的心愿我来圆"礼物募捐，参与统筹举办

■ 蓝天志愿者协会"地球一小时"公益宣传外场

259

"地球一小时"公益环保宣传等活动。也曾参与组织12·5志愿者嘉年华，邀请首都高校志愿者代表交流志愿服务经验与展望，与首都保护知识产权志愿服务队合作，开设"知识产权进校园"博雅讲座，邀请国家知识产权局资深专利审查员为同学们进行知识产权科普等。此外作为学院法律援助中心成员，她多次赴海淀区人民法院进行公益法律援助。

这一项项活动虽小，但每每看到受助者或参与者灿烂的微笑，收到他们由衷的感谢，她都感受到无限温暖并获得继续参与志愿服务的动力，坚定自己在志愿之路上走下去的决心。

三、山高·服务祖国展现青年担当

大三学期伊始，曹雨涵加入校团委志工部，在这个更广阔的平台努力完成从志愿者活动参与到学生志愿者骨干的蜕变。

曹雨涵投身各种大型活动志愿服务保障中，努力为祖国重要时刻贡献青年力量。她曾参加庆祝中华人民共和国成立70周年大会群众游行，作为"关键抉择"方阵的一员走过长安街，在天安门前欢呼"祖国万岁"；担任第十六届"挑战杯"学术科技竞赛志愿者，负责对接天津团市委并组织组员与天津市各参赛高校进行对接，帮助高校协调处理因突发情况导致的答辩人员更换等应急状况，保障高校顺利完

曹雨涵在 2020 年中国国际服务贸易交易会做志愿服务

赛；在2020年中国国际服务贸易交易会志愿服务中，她担任组长，协助负责人进行组织考勤等工作，与北航志愿者伙伴们在五天的会期里引导千百位参会嘉宾进行健康宝登记，在疫情期间圆满、安全完成志愿任务，为会议的疫情防控提供保障。

2021年寒假曹雨涵有幸入选北航12人志愿者团队，前往国家高山

滑雪中心。在"相约北京"系列冬季体育赛事延庆赛区测试活动中担任志愿者工作助理，负责志愿者考核激励与组织工作。她与志愿者朋友们通力合作，迅速适应延庆严寒的气候和场馆的工作节奏，完成抗寒测试、素材拍摄等任务，与团队共同完成1份3万字测试成果汇编，制作7份岗位培训视频，为即将举办的北京冬奥会和冬残奥会提供经验和参考。

之后的一年中，曹雨涵作为志愿者骨干、校团委学生干部和冬奥工作专班激励保障组成员，全程参与负责北航冬奥志愿者宣传动员、招募选拔、培训考核等各项工作。参与相关工作会议十余场，撰写各类相关情况汇报、工作总结共20余篇，总计超过10万字。为给

■ 曹雨涵在"相约北京"系列冬季体育赛事延庆赛区测试活动

冬奥志愿服务工作做好全面准备和保障，她两次参赴国家高山滑雪中心参与踏勘培训，见证过海坨山深夜的星空和阪泉站黎明的日出。在国家高山滑雪中心踏勘冬奥志愿者工作座谈会上，她作为志愿者代表发言，向时任徐惠彬校长介绍自己的冬奥服务经历，表达北航志愿者

■ 北航志愿者第二次国家高山滑雪中心踏勘培训

们服务冬奥的必胜信心和坚定决心。

北京2022年冬奥会和冬残奥会，曹雨涵再次以志愿者的身份重回小海坨，在志愿者工作助理岗位上负责激励保障工作。她与助理团队组织开展系列激励活动，举办"福在冬奥"春节活动、开幕式主

■ 曹雨涵在北京2022年冬奥会和冬残奥会国家高山滑雪中心志愿者之家

题体验项目、元宵联欢等活动。为志愿者发放激励物资，调动志愿者们的服务热情和积极性，保障冬奥会和冬残奥会志愿服务工作顺利开展。

三、路远·把爱带到更需要的地方

2021年寒假，曹雨涵加入"蓝天之梯"支教队，作为教师面向山西、湖北等地的小学生进行人文地理课程的直播授课。在授课结束后她收到一条好友申请，但没想到是一位当地青年教师。她比支教队成员们仅仅大几岁，任教于椿木营乡民族中心小学。老师特意表示，希望曹雨涵和同学们不要关闭朋友圈，希望能借此获得"更多了解外面的途径""给孩子们带来新的理念"。老师的话使她深受触动——一方面感动并敬佩于一位人民教师对待她的学生是多么赤诚、希望自己能给予更优质的教育教学的愿望是多么真切；另一方也让她更清晰地意识到西部地区孩子们和老师们对教育资源更新、教育理念进步的切实需要。

曹雨涵希望将自己二十余年生长以来从社会获取的优秀文化交融、高新技术和先进思想带给孩子们，帮助他们获得更好地成长。于是她终于做出了那个已经酝酿了很久的决定——她加入中国青年志愿者扶

贫接力计划，幸运而光荣地成为北航第24届研支团的成员，将于2022年夏天奔赴祖国西部，以支教老师的身份继续志愿服务事业。她和研究生支教团的每一位成员都将一如既往，全心全意践行自己的志愿初心，将先进教育理念带到西部，促使孩子们认识到知识的重要，带他们了解现代社会各方面的发展，帮助他们培养多元的兴趣爱好，鼓励他们树立远大理想并为之奋斗，成为自己想成为的人。

■ 北航第24届研究生支教团首次交流座谈会

四、感悟心声：同航·山海咫尺，青春以赴

"志合者，不以山海为远"。在志愿服务过程中，我不断见证友爱、温暖和善意，也结识了许许多多志同道合的志愿者朋友。有人说志愿服务就是无数微小的个体将发出的微光汇聚照亮黑暗。而对我来说，这些宝贵而感动的经历和收获同样是一束束光，它们汇聚起来为我照亮了志愿与奉献的未来的路，让我想要更加坚定地走下去。

习近平总书记在庆祝中国共产党成立100周年大会上寄语中国青年："以实现中华民族伟大复兴为己任，增强做中国人的志气、骨气、底气，不负时代，不负韶华，不负党和人民的殷切期望。"祖国的繁荣发展为青年志愿者们提供了服务与回馈社会、展示和提升自我的环境和机会。作为一名中国青年，我为能参与、服务和见证祖国的一个个重要时刻备感荣幸。在未来，我也将继续充实自我，学习知识、提高能力、严格要求自己，在正当韶华之时投身志愿服务事业，把自己的青春融入党和国家事业之中。青春似火，青春闪光，青春无悔，青春不朽。

奉献同航
——做好新时代北航青年志愿服务先锋队

王宇阳：生逢其时，使命在肩
——做新征程上请党放心、忠恕任事的北航志愿者

他是王宇阳，北航国际通用工程学院2018级本科生，一名光荣的中共党员。

王宇阳任2021—2022年度北京市学生联合会驻会执行主席，与共青团北京市委员会合署办公一年。曾任北京航空航天大学学生会主席团成员、国际通用工程学院学生会执行主席、院羽毛球协会会长、本科新生英才训练营组长等十余个学生工作职务；雅思7.0，曾赴英国剑桥大学交流学习并以双A成绩结业；曾获美国大学生数学建模竞赛Finalist特等奖提名、冯如杯科技作品竞赛二等奖、市级三好学生、校级优秀团员、优秀党员、优秀学生干部、学科竞赛、学习优秀、社会工作优秀、社会实践优秀、志愿公益奖学金等近30项荣誉及称号。

■ 王宇阳出席学代会并致辞

一、落实本职，当好学院团队的建设者

2021年寒假期间，王宇阳参与了"国内外工程教育教学系统差异及国通特色方案"线上实践调研工作，形成了具有一定价值的研究访谈报告，为后续相关工作开展提供了理论基础，并于暑假期间参与组建学院"通心远航"实践队，协助开展了第一次实践任务。团队远赴中航沈飞工业集团，经前期部署与资料收集、中期走访座谈和后期汇编总

■ 王宇阳出征学院"通心远航"实践队

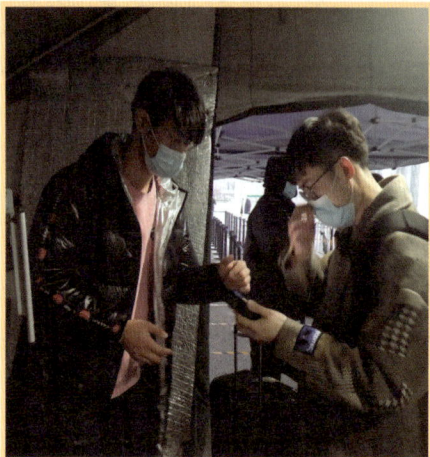

■ 王宇阳正在帮助返校同学人脸识别

结，于建队元年拿下校级社会实践优秀团队二等奖。

金秋九月，新学期伊始，王宇阳连续三年作为国通志愿队的一名成员，积极参与迎新服务：返校通道值守、人脸核验识别、防疫物资搬运、新生礼包发放、体温检测、校园引导……力争做到让每一位同学都感受到学院像家一般的温暖。此外，在院学生会主席任职期间，除日常工作外，王宇阳热心参与学院宣传片拍摄录制工作，协助调配人员、商榷剧本；作为指挥，参与学院合唱排练与调度工作，提供技术和理论帮助；作为学院负责人，参与北航校庆嘉年华活动……

落实本职，建设团队，坚定每一次自己的选择，不辜负每一份组织交予的任务。

二、聚焦主责，当好学校同学的服务员

步入校级平台，新的高度伴随着新的责任，也带来更大的机遇与挑战。自担任校学生会主席后，王宇阳协助过校区搬迁，为来自沙河校区的同学提供校园引导并解决物资搬运问题；疫情期间积极参与蓝天志愿者协会与社团中心的线上志愿项目，为需要的群众提供力所能及的帮助；开学典礼服务保障，守好门、把好关，安全第一，有序出入；《罗阳》音乐剧场务助理，为观众同学们带来最好的视听体验……他深知，服务同学，就是服务自己，赠人玫瑰，手有余香。

他参与了北航"三七女生节"线上晚会的前期策划与活动当天的

现场管理工作，为同学们繁忙的学业生活中平添一抹靓丽的色彩；参与了北航第四届"爱权益·爱北航"提案大赛筹备期整体规划与现场场务协调工作，和负责人们一道，筛选审查优质提案内容，整理、汇总并上报宣传优秀提案报告，聚焦"为同学服务"的理念，切实发挥桥梁纽带作用；参与了北航五星社团、阿卡贝拉清唱社专场演出的筹划运营工作，推演节目、沟通模拟，努力呈现给观众同学们一场清唱盛宴；参与了"恰北航少年"本科生毕业晚会音乐剧《我的选择》演出前期筹备工作，修改剧本、组织排练，力争做到最好。

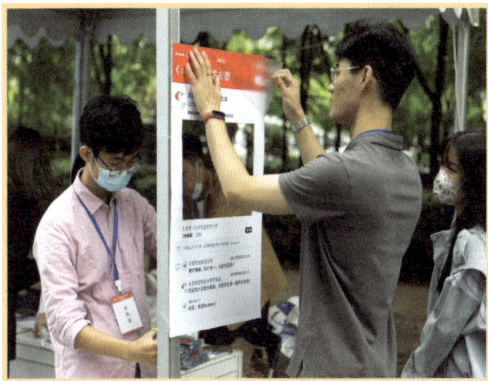
■ 王宇阳参与校学生会迎新服务

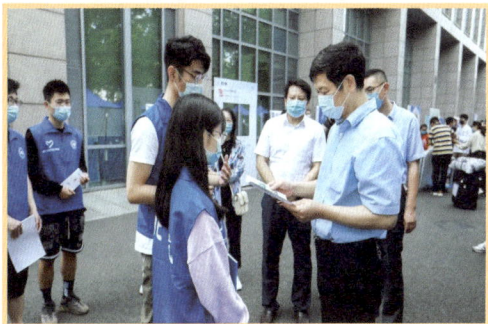
■ 王宇阳向时任徐惠彬校长汇报工作

有一分热，就要发一分光。他的举动或许影响很小，但每一次的主动作为，很好地阐述了"全心全意，为你而来"的那份真诚。

三、立足初心，当好首都学生的领航人

经函评、笔试、面试与实习考察后，王宇阳作为自2016年后重返北京学联平台的一名北航学子，成功驻会并深度参与到北京团市委大学中专工作部的各项工作中去。感谢贵人提携，感谢组织信任。

北京2022冬奥会和冬残奥会期间，王宇阳以北京团市委冬奥专班工作人员的身份，任职于开闭幕式服务保障指挥部人员集散协调组。2月4日大年初四，冬奥开幕，举国同欢、举世瞩目。前期做的一切探

勘、推演、模拟等准备工作都得以于今日实战检验。为保障仪式顺利进行，全组人员放弃了进场观演的机会，在鸟巢外的集散指挥部与志愿者们并肩作战。观众的集结和疏散看似是个小事，实则涉及远端集结、安全排查、交通调度、路线规划、医疗救助、警力协调、场馆运营、双环分离、下车落客、验证验票、进场落座、散场离座等相当庞大繁杂的系统工程。仪式当天清晨，工作组就已全员就位。经过近7个小时的指挥、上报与应急调整，万余名普通观众、特邀嘉宾和国家领导人顺利于晚8点前全部落座。工作人员和志愿者们在简易的临时棚屋

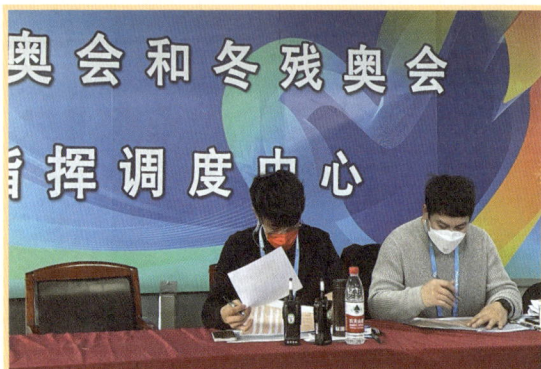
■ 王宇阳在指挥调度中心处理人员集散相关工作

里，一手持手台汇报、一手记录观众集散情况，时不时还要电话处理临时紧急事件以及观察TOCC（北京交通运行监测调度中心）发来的实时状况，一直持续到深夜3点。喝着矿泉水，吃着"自热"米饭，两三个餐包成了他

们一天的伙食。但当听到观众们都撤场返回并平安到家的那一刻，所有人都欣慰地鼓掌庆祝。深度参与赛会服务、提供科技运维支撑、高效率指挥协调……人员集散组全体通过不懈努力，向世界展示了我们国家

面对重大活动时强大而有力的后方保障，体现了群众对盛会的热切期待，彰显了良好的中国形象。亲眼见证这一盛事，本身就是一种成功。

2021年8月下旬至9月初，他主动请缨，投身于中国国际服务贸易交易会（简称"服贸会"）

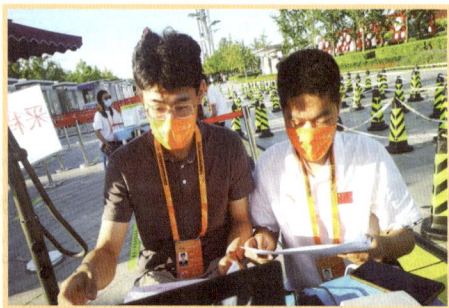
■ 王宇阳参与 2021 年服贸会疫情防控工作

志愿者服务组疫情防控与医疗保障相关工作，与同事相互配合，共同负责对接包括清华、民大、北邮、北林、矿大、北工大在内的15所高校与石景山团区委和首钢集团共计17家归口组织单位的1200余名志愿者及工作人员。在筹备期间进行全口径疫苗接种和行程轨迹的摸排统计，布展期间负责联系金域、卡尤迪等医学机构进行"三日一次"的上门核酸检测服务，峰会期间提供24小时内核酸检测，正展期间日常核酸检测，以及一个多月来的每日健康监测上报汇总。他们按照执行委员会统一要求，落实推进各项防疫政策落地实施，畅通信息交互渠道，紧密开展疫情防控工作；截至正展期结束，已累计健康监测2.9万余人，累计完成核酸检测9000多次，圆满完成各项工作，有力地保障了服贸会的顺利开闭。

在中国共产党成立100周年庆祝大会上，王宇阳以学院代表身份，作为观礼台观众，配合参与前期多次集结疏散的演练任务，于天安门广场之上近距离聆听习近平总书记的重要讲话，领会讲话内涵、体悟精神力量。在烈士纪念日向人民英雄敬献花篮仪式前后，他以工作人员身份组织参与多次夜间演

■ 王宇阳参与中国共产党成立100周年庆祝大会

■ 王宇阳参与烈士纪念日向人民英雄敬献花篮仪式

■ 王宇阳参与北京市学生联合会第十三次代表大会

练，为国家领导人模拟踩点、为首都青马高校班英才学员提供服务。在首都"挑战杯"前后，他以团市委亦庄赛区对接负责人的身份，负责踏勘会场会议室布置情况、核验选手住宿答辩条件、预演选手报到与领导接待全流程等工作。在北京市学生联合会第十三次代表大会上，会务后勤、组织选联、宣传活动等组别均投以身心；在"北京学联"公众号日常运维中，关注市情与舆论变化，聚焦青年大学生思想动态；在"青春北京"会商座谈会上，相互交流学习新媒体矩阵的运营模式经验。在文明美食日"妈妈的味道"原创主题作品征集活动中，在"我心目中的大先生"主题教育活动中，在空间技术和平利用国际交流研讨会上，在国际工程教育论坛上……都有着王宇阳的身影。

征程在前，初心不变。相信王宇阳一定会以一往无前的气概与奋勇争先的决心，勇挑首都团学重任，为广大青年学生扬帆领航。

■ 王宇阳参与文明美食日"妈妈的味道"主题活动启动仪式

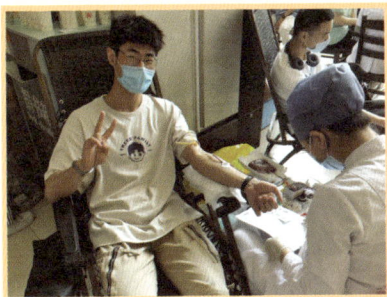
■ 王宇阳参与北航红十字会组织的校内无偿献血活动

■ Rh 阴性应急献血志愿者证书

■ 王宇阳在疫情期间参与献血

截至撰稿日，王宇阳志愿北京平台记录参与志愿项目27个，志愿团体11个，总服务时长644小时，为三星志愿者。

王宇阳还积极参与无偿献血，自大一入学以来已献血6次，累计2000ml；并于冬奥会前夕成功报名并顺利通过核验，成为一名光荣的Rh阴性应急献血志愿者。

四、感悟心声

习近平总书记说过，志愿服务是社会文明进步的重要标志，是广大志愿者奉献爱心的重要渠道。纵观我的经历，可能会有着些许不同，但细数一路走来的点点滴滴，我与许许多多的志士同仁们其实一直相依相偎，起起伏伏，有苦有乐，平常、平凡、但不平淡。可能确实会很累，可能会被误解，可能会手足无措，但那颗服务的初心从未曾改变。一步步迈进、一次次积累，在服务他人的过程中，我真切体会到了业务能力得到锻炼、工作水平飞速提升的那份满足感，和与他人相处共事、协同配合的那份归属感，也让我明白了：每个人都可以如火如炬，每个人都能够发光发热。我是我，但绝不只是我。

在我看来，志愿服务是社会责任感的外在表现，是一种担当，是新时代青年大学生体现人生价值、发挥青年力量的重要抓手，是增长阅历、提高见识、锻炼自我的重要契机。那种随时随地舍己为人、无私奉献的精神，在当今社会的任何地方，都是极其宝贵的一项精神品质。岁月静好，是因为有人在替你负重前行。

我也深知，我做得还远远不够，我还需要更努力：不断拓宽业务领域、提高工作水平、强化综合素质，围绕院校市中心工作，广泛联系服务同学，在志愿中寻觅人生价值、在服务中提升精神境界，在首都"四个中心"现代化建设发展大局中贡献自己的青春力量！

生逢其时，使命在肩，为做新征程上请党放心、忠恕任事的北航志愿者而不懈奋斗！

心依暖阳，静候花开。我是王宇阳，下个起点，再会。

沈一凡：践行志愿蓝、北航蓝

沈一凡，中共预备党员，北航计算机学院2020级硕士研究生。他热心公益，曾多次参加重大志愿服务活动，累计志愿时长650余小时，曾获北京市优秀毕业生、北航"五四奖章"提名奖等荣誉称号，2019年获评北航"十佳志愿者"。

一、初识志愿

北京2008年奥运会举办时，沈一凡还是一个五年级的小学生，但那时的他就被马路旁和赛场旁志愿者哥哥姐姐们的那一抹蓝色所吸引，这也是他第一次对志愿服务有了认识。在奥运会期间，虽然不能参与到奥运会的志愿服务中，但他积极参与了社区街道清扫和环保宣传，并被评为"社区奥运文明小使者"。这时一颗名叫志愿服务的种子便埋在了他幼小的内心中。

在进入高中后，当他听到人大附中志愿团的招新宣讲时，小时候埋在心中的那颗种子开始被唤醒。他毫不犹豫地选择加入志愿团，并在高中时期参与了宋庆龄故居讲解、校园开放日引导等志愿服务活动。

■ 沈一凡高中时参加宋庆龄故居讲解志愿服务

二、广泛尝试

本科报到的第一天，他领到了蓝天志愿者协会的宣传册，志愿服务几个字从此刻开始便贯穿于整个的大学生涯。在随后的几年时间里，他参加了蓝协组织的大大小小的很多志愿服务活动，如研究生奖学金说明会、科技馆讲解、北航幼儿园"启明星"支教、校园迎新等。除了一天以内的短时间志愿服务外，他也开始参与一些时间跨度较长的志愿服务。这些活动给他留下了深刻的印象，结识了很多要好的朋友，也让他在其中有了更大的收获，心中的那颗种子也开始破土发芽。

■ 沈一凡参加研究生奖学金说明会和北航幼儿园"启明星"支教活动

在台胞青年千人夏令营的一周时间里，他与台湾的青年朋友们朝夕相处，一同参观名胜古迹和科技企业，为他们介绍北京文化，带他们参观校园，一起分享美食和各自的生活……通过一周的相处，他和台湾青年建立了深厚的友谊，部分营员第二年再次参加时还互赠了礼物。

■ 沈一凡参与台胞青年千人夏令营活动

2017年的暑假，他前往河南省开封市杞县进行为期两周的支教。在艰苦的环境中，他保质保量地完成了课程的教学，作为"老师"感到身上责任重大，也体会到了农村地区基础教育落后的现状。同时，他还为团队制作了支教总结纪录片，广受团队成员的好评。

在第十六届"挑战杯"全国大学生课外学术科技作品竞赛中，他作为骨干志愿者岗亭咨询组的组长，除了负责岗亭咨询服务以及开闭幕式的安全保障和引导工作，还负责本组同学的排班安排、物资发放等工作，进一步提高了组织能力。

■ 沈一凡参加暑期支教和"挑战杯"科技竞赛志愿服务

三、重大活动

大三时，他第一次接触到了国家级的重大志愿服务活动。他在几年内先后参与了第二届"一带一路"国际合作高峰论坛、亚洲文明对话大会、中华人民共和国成立70周年庆祝大会、北京2022年冬奥会和冬残奥会等重大志愿服务活动。他心中那颗种子在破土发芽后也慢慢地长成了参天大树。

在第二届"一带一路"国际合作高峰论坛中，他在注册中心负责证件和物资的装配发放以及机动和引导等工作，受到了负责老师的好评；在亚洲文明对话大会中，他在新闻中心为中外媒体提供服务，主要是在沉浸式增强现实互动体验区为媒体和参会嘉宾提供讲解和体验指导等，服务过程受到了新京报等媒体的报道。

在中华人民共和国成立70周年庆祝大会中，他在天安门广场的观礼台进行服务。通过多次专业的培训和两次凌晨的全要素演练，在庆祝大会当天圆满完成了观礼嘉宾的引导和疏散等工作。

■ 沈一凡参加第二届"一带一路"国际合作高峰论坛和亚洲文明对话大会

在北京2022年冬奥会和冬残奥会中，他在国家高山滑雪中心担任技术经理助理，同时担任技术志愿者的组长。他的主要工作是协助经理开展技术部门的日常工作，协调处理各岗位出现的问题及突发状况，同时每天需要收集和上报志愿者们各方面的信息，了解大家的工作状态和诉求。每一项工作他都会仔细检查，确保上报的内容不出现错误。作为一颗可靠的"螺丝钉"，他所做的基础且重要的工作为部门的正常运行和志愿者们的顺利工作提供了坚实的保障。

■ 沈一凡参加中华人民共和国成立70周年庆祝大会及北京2022年冬奥会和冬残奥会

四、带动他人

参加活动之余，沈一凡也用自己的实际行动去影响、带动身边的同学。他多次带领班级同学走出校园，组织同学们共同参加志愿服务活动。在西钓社区进行共享单车的治理，恢复背街小巷的道路畅通；将志愿与环保结合起来，在奥林匹克森林公园和昆玉河旁开展环保清洁宣传活动……通过几次的志愿服务和平日的交流，他成功地转变部分同学"做志愿只是为了满足博雅要求"的想法，让他们在志愿服务中感受到奉献的快乐。

此外，他在不同场合为低年级的学弟学妹们讲述和分享几次重大志愿服务活动的经历和感想，将志愿服务精神传递给更多的人。奉献精神早已深入他的内心，在未来他也将继续积极参与志愿服务活动，践行志愿蓝、北航蓝。

■ 沈一凡带领同学们参与志愿服务并为学弟学妹们进行分享

五、感悟心声

志愿服务不仅仅是奉献自我，志愿服务也是一个了解并提升自我的过程。从小学到中学再到大学，我参加了许多的志愿服务，小到社区环境清理，教老人使用手机；大到在天安门广场前服务国庆盛典，在国家高山滑雪中心为北京2022年冬奥会贡献自己的力量。

在"科技助老"志愿活动中，志愿者唯一的工作内容就是教老人用手机，解答他们在使用手机过程中遇到的问题。虽然是一件看似很小很简单的事情，但很多老年人眼神和听力都不是很好，理解速度也比较慢，在交流的过程中最需要的其实就是耐心和尊重。在服务结束后，老人们对我的肯定和感谢让我觉得所做的一切都是值得的，实实在在地帮助到了需要帮助的人让我感到非常的有意义。

在台胞青年千人夏令营中，通过和台湾青年一周的朝夕相处，我们结交了深厚的友谊。到现在我还清晰地记得和他们分别时，一位台湾营员曾说"好喜欢北航的校园""想再去航空馆看一次飞机"。到了第二年仍有部分营员再次参加了夏令营，我们相约在友谊宾馆见面，虽然没能再去一次航空馆，但我们聊着各自的生活并互赠了礼物，深厚的友谊让我非常感动。

在暑期支教的两周中，随着和小朋友们的接触以及讲课过程中得到的反馈，除了感到身上沉甸甸的责任感，我更深刻地认识到了农村地区基础教育条件的落后，也为很多孩子的"不求上进"而感到难过。教育均衡和农村地区基础教育水平的提升任重而道远，除了需要教育资源的投入，更需要改变他们的思想观念。

在多次的重大志愿服务过程中，我增长了见识，开阔了眼界和格局，见证了一次又一次的国之盛典以及在国际舞台上的精彩亮相。我深深地为我们的祖国感到自豪，也让我感受到了作为中国青年的使命感！在上岗服务期间，我时刻注意自己的言行举止，认真完成每一个任务。不论大事小事都尽心尽力，尽我所能做到最好，以最美的微笑去展现北航、北京市乃至中国志愿者的良好形象！

在参与志愿服务的过程中，不论是大型活动还是小型活动，在服务的过程中都会遇到不同的人，经历不同的事。我看到了不同的场合下不同人解决问题的态度和方法，每次也都会让我有不同的体会和收获，让我不断认识自我、提升自我。如今，我已将志愿服务精神融入平时的生活当中，在未来我也将继续积极参加志愿服务活动，践行志愿蓝、北航蓝。

滕昊：微光点点，汇聚成星河

滕昊，男，中共党员，北京航空航天大学北京学院2018级本科生。滕昊积极投身志愿服务，大学期间共参与40个志愿项目，志愿时长共计841.5小时。曾获评北京航空航天大学2020年度"十佳志愿者"、北京航空航天大学北京学院2019年度"志愿公益之星"等荣誉称号。

一、不同身份传递爱心善意

进入大学以来，滕昊积极向上，热心公益，服务群众，奉献社会，热忱地投身于青年志愿者的行动中，用各种身份传递着爱心善意。

作为一名北航人，他连续两年参与北航迎新活动，在2019年北航迎新接站志愿服务项目中担任地铁站接站总负责，带领志愿者成功接到1000余名新生，圆满完成地铁站接站工作，获新生及家长一致好评。在2020年北航校内迎新服务中，完成了校团委迎新展位的工作，同时参与到道路引导和圈存机教学的志愿服务中来，从小事做起，帮助新生更快地适应大学生活，在迎新活动中将最好的一面展现给新生。参与2020年返校校内志愿服务，积极配合学校完成疫情结束后的返校工作。

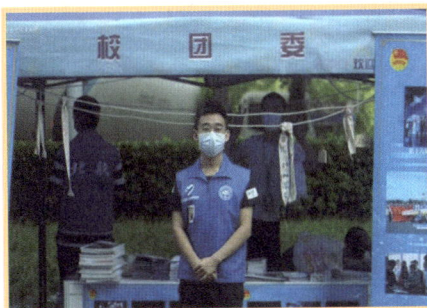

■ 迎新摊位服务　　　　　　■ 圈存机教学

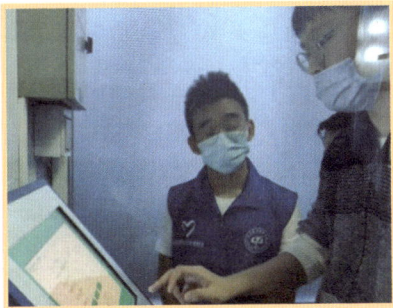

作为一名城市大学生，他看到山区的孩子们缺少学习条件，立刻报名参加"你的心愿我来圆"志愿公益活动，贡献微薄之力，为西部的孩子们"圆梦"。他每年都会在社区参与"西部温暖"计划捐献冬衣，并组织号召学院同学积极参与校内"心暖衣足"活动，用爱心温暖西部。

作为一名青少年，他充分发扬敬老爱老的精神，前往社区看望空巢老人，与老人交谈了解他们的生活情况，解答其疑问并现场进行智能手机教学，给老人送去一丝温暖，给予他们更多的尊重和关爱。

作为一名首都市民，他积极响应号召，报名社区垃圾分类桶前值守活动，为垃圾分类贡献自己的一份力量；平时帮助社区清理卫生，并为保护社区环境做出宣传；参与中国科技馆的日常志愿活动，为游客讲解馆内设施使用方法并科普相关科技知识。

服务社会、服务学校、服务学院、服务同学，滕昊从细微之处做起，参与大小各项志愿服务工作，努力展现大爱精神，让奉献成为常态，让友爱在校园内传播。

二、大型赛会展示首都形象

日常志愿之外，滕昊积极参与大型赛会志愿服务。他在世界机器人大会中担任票岛安检志愿者组长，带领团队辅助安保人员共同确保7天10万人安全有序进出，圆满完成规定的志愿服务工作，获赛会安保团队和志愿者主管高度评价。在国际机器人比赛中担任助理裁判志愿者组长，完成赛台布置、成绩判定、系统录入、辅助申诉等任务，配合赛台主裁判完成3天20余场比赛的裁决。在第十六届挑战杯全国大学生课外学术科技作品竞赛中，担任综合协调组志愿者，协助多场赛事相关重要会议举行，保障挑战杯顺利进行。在2020年中国国际

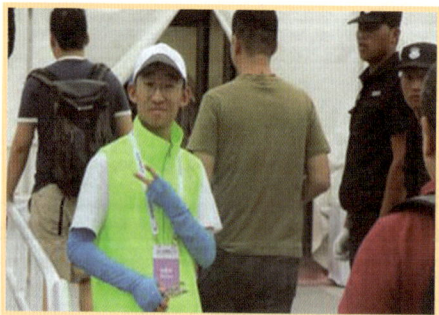

■ 世界机器人大会服务

服务贸易交易会志愿服务活动中，作为一名首都志愿者接待来自世界各地的来宾，尽力将首都志愿者最好的一面展现给大家。以微薄之力为社会做出一些贡献，在服务他人的过程中实现了自己的价值，获得了内心的充实。

■ 挑战杯服务

三、疫情防控彰显青年担当

疫情暴发初期，滕昊积极响应"疫情就是命令，防控就是责任"号召，主动请缨向社区报名成为一名青年志愿者，参与到这场疫情阻击战中来。从2020年3月初，共参与了60天的社区疫情防控工作，完成了定点在社区门口核查人员出入情况、测量体温、协助社区做好居家隔离人员服务保障、协助社区办理更换出入证等工作，积极配合社区，努力做到事事有回音、件件有着落。

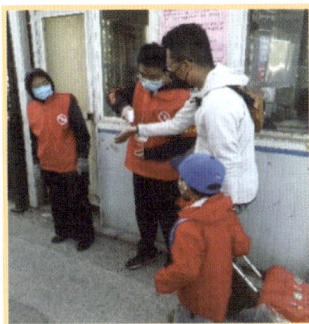
■ 为出入人员测量体温

新冠疫苗接种工作开始，北京市朝阳团区委需要志愿者协助组织市内疫苗接种工作，他第一时间报名，加入朝阳区新冠疫苗接种青年志愿服务突击队中，成为疫苗接种志愿者中的一员，主要负责留观区

■ 为隔离人员提供服务

■ 留观区内服务

■ 北京市朝阳区新冠疫苗接种青年志愿服务突击队

外指引和留观区内服务，为留观区人员计时并解答相关问题，确保接种完疫苗的人员观察满30分钟后才可离开，顺利完成9天72小时的疫苗接种志愿服务工作。

疫情形势捉摸不定，基层防控压力高居不下。对于社区疫情防控志愿服务的需要，作为社区青年一代，作为一名共产党员，他表示"召之即来"。目前已经辅助社区完成大规模疫苗接种组织、防疫物资搬运、入户摸排、通知下发等工作。在这场没有硝烟的战争中，他用自己的方式参与着，用实际行动诠释了青年的责任与担当。

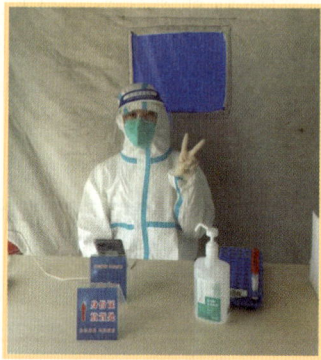

■ 参与社区疫情防控志愿服务

四、感悟心声：服务经历感悟志愿精神

三年的志愿服务经历使我收获良多，感悟良多，在我看来，志愿者就像是一束光，为需要帮助的人照明方向。记得大学第一次参与志愿服务时，别人简单的一句"谢谢"、一个微笑，让我爱上了这个身份。下面以"微光"为线索讲一讲我的志愿之路。

大一的时候，作为一名普通的志愿者，开始成为一束微光，参与到各种志愿服务当中，去尝试"照亮"其他人。从最开始的院内志愿，逐渐到校内，再到后来在社会上服务他人，所在的平台越来越大，服务对象越来越广，我在不断提升自己，也在不断感悟志愿精神。

大二的时候，我成为带领者，经常在一些志愿活动中担任组长、负责人等角色，开始去凝聚微光，学习如何在完成自己工作任务的同时协调组内志愿者工作，维护组内志愿者权益。"欲戴皇冠，必承其重"，我自是明白其中的道理，作为负责人难免感受到压力，但志愿服务的好处就在于能有回报。比如在入学迎接新生时递过行李后听到新生家长那句"谢谢你，北航的服务太周到了，为你们点赞"，看到新生发自内心的微笑和家长伸出的大拇指，我觉得一切都值了。

大三之后，我加入校团委志工部，成为组织者，开始去守护微光。与前两年不同的是，我开始去以身作则，思考如何更好地服务同学、服务大众，如何才能做好一名"志愿者的志愿者"。在参与和组织志愿服务的过程中，我不断加深自己对志愿精神的理解，努力做到在奉献中传播友爱，在互助中共享进步。

这三年的经历让我悟出一个"服务秘诀"，无论是"志愿者"还是"志愿者的志愿者"，经试验效果都不错，本着"独乐乐不如众乐乐"的宗旨公开于此：真正设身处地为服务对象着想。短短13个字，我认为如果能掌握其中的精髓并将其运用，成为一名好的志愿者指日可待。

志合者，不以山海为远。成为一名志愿者，让我收获了友谊、快乐和成长。我见到了来自四面八方、各行各业、各个年龄段的哥哥姐姐、弟弟妹妹、叔叔阿姨、爷爷奶奶。我们相遇、相识、相聚，因为同一个身份——"志愿者"，志同道合让我们很多人都成为好朋友，这是何等宝贵的财富。助人亦助己，乐人亦乐己，在帮助他人的同时，我也在不断成为一个更好的自己。参与志愿服务过程中一位老师的指导让我受益匪浅，在此作为分享。参与志愿服务要认清服务方向，实现自我价值，所谓"服有所向"；要把握实践机会，提升自身能力，所谓"服有所成"；要重视保障措施，确保服务安全，所谓"服有所安"。我想，志愿服务的意义便在于此。愿同学们都能有一分热，发一分光。微光点点，便能汇聚成星河。

刘洋岐：青春同路，志愿同行

刘洋岐，北京航空航天大学法学院2019级本科生，曾任北航蓝天志愿者常务管理中心副主任，现任校团委志愿者工作部副部长。荣获2021年度十佳志愿者、2019—2020年度优秀志愿者、2019—2020年度志愿公益奖学金特等奖、中国国际服务贸易交易会优秀志愿者。截至目前，累计提供志愿服务603小时，参与志愿服务33项。

一、初识 · 充满活力的蓝马甲

2019年9月，在初次步入大学之时，刘洋岐便加入蓝天志愿者协会，积极参与志愿服务。她曾以普通志愿者的身份参加参与"挑战杯"全国大学生课外学术科技竞赛、北航"强基计划"招生考试志愿服务、接站迎新、童书博览会等多项志愿活动。在服务中积累经验，收获快乐。在这一年里，她参与过社区服务、赛会活动、校园文化、抗击疫情等多类志愿活动，穿着蓝马甲出现在校园内外。在蓝天志愿者协会，

■ 参与中国童书博览会志愿服务

刘洋岐也结识了很多志同道合的伙伴，培养了志愿活动的管理组织能力。

二、成长·汇聚志愿力量

2020年9月，中国国际服务贸易交易会在北京成功举办，这是疫情以来中国在线下举办的第一场重大国际经贸活动。对于刘洋岐而言，服贸会不仅仅是中国向国际社会展示疫情防控成果之契机，更是她开始由志愿者转向"志愿者的志愿者"之开端。在服贸会中，刘洋岐担任2组组长，协助总负责人进行联络及组织工作；同时作为宣传骨干参与文案撰写、推送排版等工作。她凭借以往的志愿服务经历和宣传方面的专业技能，圆满地完成了志愿服务，展示了北航青年志愿者的风采。

■ 参与中国国际服务贸易交易会志愿服务

在大二一整个学年，刘洋岐作为蓝协常务管理中心的副主任，担任蓝协志愿北京负责人，负责管理志愿活动立项、志愿时长的录入工作。除此之外，她还组织策划并参与了"雨住风歇，共话蓝天"志愿者嘉年华外场活动、地球一小时环保公益活动。积极参与蓝协举办的图书募集、迎新外场、招新外场等志愿活动。

■ 参与地球一小时环保公益活动

其中图书募集活动得到了校图书馆的大力支持，捐赠700本图书参与活动。图书募集活动得到校内师生、职工、家属等参与者的一致好评。

同时，刘洋岐加入校团委志工部，并留任副部长。在志工部的一年，她同其他同学一道，组织、策划、参与并宣传了十佳志愿者答辩会场志愿服务、首都高校科技志愿服务总队成立仪式服务等校内重大志愿活动工作。

在2021秋季新生开学迎新接站过程中，刘洋岐作为接站负责人之一，参与前期筹备迎新接站策划、购买物资、招募组织管理志愿者等相关工作，妥善完成了8个站点、32个学院的接站工作，共接站2021级本科生1379人，发出车次112辆。

在这段时间里，刘洋岐逐渐从一个普通的志愿者成长为一个能独立策划组织志愿活动，管理大型志愿团队的志愿工作者。她身边也汇聚了一大批优秀的志愿者骨干力量，活跃在各种志愿活动第一线，用他们丰富的志愿经验和出色的管理组织能力，为志愿服务活动保驾护航，积极主动发挥青年志愿者的青春力量。

三、知微·做志愿者的志愿者

2021年2月18日，刘洋岐以北航志愿者的身份参与"相约北京"冬奥测试活动，同其余11名志愿者一起前往延庆，了解高山滑雪中心各个领域相关任务。彼时彼刻，她已成为一个成熟的志愿者骨干，能够与其他志同道合的志愿者一起，用青春和热血将自己的冬奥故事，一同书写在海拔2199米的小海坨山上，让高山和冰雪共同见证她的成长。

■ 参与"相约北京"冬奥测试活动

测试活动中，刘洋岐在志愿者工作助理、宣传推广组、服务保障组三个岗位上开展志愿工作，最终圆满完成党和国家安排的任务。这是国家高山滑雪中心唯一的测试活动，也是全面实战检验冬奥会筹办工作的最好机会。北航的12人团队累计提供志愿服务总时长1560小时，形成近3万字测试成果汇编，共收集素材45.6GB，为2022冬奥会正式赛打下坚实的基础。

在北京各高校全力备战冬奥之际，按照北京冬奥组委会要求，刘洋岐与志工部的师生一起，负责北航全体储备志愿者的信息采集、培训及审核面试工作，协助开展了北航2022冬奥会志愿者选拔面试、北京冬奥会宣讲团北京航空航天大学专场宣

■ "相约北京"冬奥测试活动志愿服务团队

讲会、"奔向冬奥"系列活动，覆盖会议活动、体育竞技活动、外场宣传活动、知识竞赛活动多个领域。在全校范围内积极调动各学院、公益社团、学生组织的积极性，宣传冰雪运动，营造冬奥氛围，全力完成冬奥筹备工作，展示北航志愿者风采。

■ 参与北京冬奥会国家高山滑雪中心志愿服务

2022年1月27日，刘洋岐作为2022北京冬奥会赛会志愿者前往驻地，开展冬奥会志愿服务工作。她的岗位是国家高山滑雪中心志愿者工作助理，为国家高山滑雪中心的500余名冬奥会志愿者服务，做好物资激励、日常联络等后勤保障工作。

这期间刘洋岐细致了解了所有志愿者岗位的工作内容和工作地点，按照不同的特点分别安排工作，为每位志愿者提供最体贴、最细致入微的关怀。在志愿者之家，刘洋岐热情迎接每一位来到这里休息的志愿者，尽可能满足他们的需求，让每一位志愿者感受家的温暖。

四、感悟心声

回首来路，我对志愿服务怀有的那颗热忱之心犹在；展望前路，继续书写志愿故事、弘扬志愿精神的信念更加坚定。回顾过去两年的志愿经历，我累计参与志愿服务32项，积累了丰富经验的同时，也对志愿服务有了更多的思考与感悟。

从蓝协干事到蓝协常务副主任，从志工部干事到志工部副部长，其中变化的不仅仅是学生工作岗位，更是我在志愿服务中身份的转变。蓝协与志工部共同见证了我的成长，目睹我是如何从一个志愿活动参与者，转变为“志愿者的志愿者”，逐步成为相关负责人甚至志愿活动的管理者。不同的志愿服务身份使我意识到，志愿服务不仅仅是参与志愿活动，其本质更在于弘扬“奉献、友爱、互助、进步”志愿精神，让更多人参与进志愿活动中来，为志愿服务工作贡献力量。

志愿服务不仅仅是温暖的传递，更是一场属于青春的绽放。当无私奉献的志愿者精神与难凉热血的青春风采相遇，无数名青年走出校园，以奉献为墨，为青春着色。

在各种志愿经历中，我见过许多志愿者，也参与过许多志愿活动，我感动于志愿者们无私奉献的精神，也震撼于青年们难凉热血的青春风采，正因为如此，我才更因自己是其中的一员而骄傲。

北京冬奥会1.8万余名志愿者中，35岁以下的青年人占94%，用朝气蓬勃的精神面貌、热情友善的服务态度，向世界展示一个和平友善、开放包容的新时代中国形象。我们这一代新时代的志愿者正是“冰新一代”，是冰雪盛会中尽情燃烧的雪花，是在新时代中砥砺成长起来的青年力量。

习近平总书记在给大学生志愿队的回信中强调，要“弘扬奉献、友爱、互助、进步的志愿精神，坚持与祖国同行、为人民奉献，以青

春梦想、用实际行动为实现中国梦作出新的更大贡献"。北航校训"德才兼备，知行合一"与"奉献、友爱、互助、进步"的志愿精神有机结合，我们将在实践中践行志愿精神、在奋进中担当时代重任。我们这一代青年的成长历程一直与国家同心同向，与时代同频共振，我们这一代青年志愿者定能不负祖国、不负人民、不负时代。我也坚信，只有勇于担当时代使命，才能绽放出最美的青春之花。

未来我将继续弘扬志愿精神，以星星之火，点燃燎原之势，为更多志愿者服务，也鼓励更多志愿者参与到志愿服务中来。

此刻，我正值青春；此刻，我生逢盛世。我定将与志同道合的伙伴同行，共续青春华章。

廉皓然：做有理想、有本领、有担当的青年志愿者

廉皓然，男，北京航空航天大学软件学院2018级本科生，已推免至本校计算机学院攻读硕士研究生。曾获校十佳志愿者、优秀团员、三好学生、北航志愿公益奖学金一等奖、士谔志士、软院之星等多项荣誉。

一、抗击新冠肺炎疫情，不畏困难奉献

在新冠肺炎疫情暴发后，家乡内蒙古启动重大突发公共卫生事件响应，各个关键路口都设置了防控检疫卡点，因为地点众多加上人员抽调导致人手不足，工作人员只能日夜不息，加班工资。为缓解工作人员负担，廉皓然第一时间申请成为社区志愿者，经过批准他参加到来往车辆和人员的排查工作中。

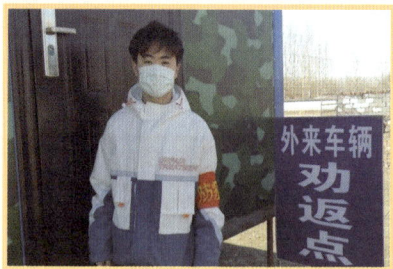
■ 外来车辆劝返点

在防控检疫卡点，廉皓然协助工作人员登记信息、沟通车辆，积极贡献自身力量。"哪怕能让工作人员可以多睡一个小时，多吃一口饭也心满意足"，这是志愿工作期间廉皓然的真挚心声。

2月1日开始，他便投入音德尔镇玛尔吐嘎查卡点的防控工作中，协助嘎查干部排查来往车辆，进行

■ 在疫情防控交通卡点排查来往车辆

来往人员信息登记，虽然天气寒冷，防护简单，但一直坚持在工作岗位上，不落一车，不漏一人。累计值班15天，共计排查车辆300余辆，人员700余人，一定程度上缓解了人员不足的压力。

同时，他还帮助嘎查开展疫情期间的精准扶贫工作。为帮助疫情期间丧失收入的贫困人口维持正常生活，积极开展信息统计收集工作。但由于个人信息复杂，格式参差不齐，给本就不充裕的人手加大了工作量。

面临这些问题，廉皓然充分发挥个人专业优势，利用Python编写程序进行批量数据处理工作，极大缩减了工作时间，为嘎查的扶贫工作节省了人力物力，效果显著。此外，他以大学生的身份跟随工作人员深入贫困牧民家中进行走访调查，受到当地电视台等关注报道，为家乡青年志愿防疫工作树立良好榜样。

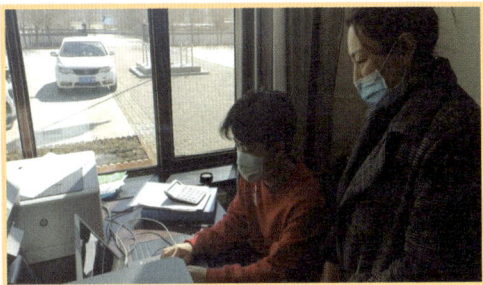

■ 利用 Python 处理数据

廉皓然因突出表现获评北京航空航天大学疫情防控专项个人奖。同时，在志愿工作结束后，他积极报名学校疫情防控先进事迹学生宣讲团。在一个学期里宣讲团共计开展主题宣讲67场，覆盖学生共计1.2万余人次，实现本科大一、大二学生全覆盖，辐射本研各党支部及班团集体，取得了非常好的成效。

二、热情奉献志愿，青春与国同航

廉皓然积极参与重大活动志愿服务工作，先后参与中华人民共和国成立70周年庆祝大会、庆祝中国共产党成立100周年大会、北京冬奥会等服务保障任务。

2019年10月，廉皓然作为"关键决抉择"方阵成员参与中华人民共和国成立70周年庆祝大会的群众游行活动。在前期两个月的训练期间，他听从指挥，严格要求自己，积极训练彩排，以昂扬向上的精神面貌展示中国青年风采。

2021年7月，他光荣地参与庆祝中国共产党成立100周年大会志愿服务。历经多次培训锻炼，他圆满完成引导观众落座、配合大会流程、处理突发事件等岗位工作。作为一名志愿者，用行动为党的生日送去祝福。

■ 参加建党 100 周年庆祝大会志愿服务

2022年2月，他如愿报名成为北京冬奥会志愿者。作为国家高山滑雪中心技术部的一员，他负责检测和保障8个地点、6个业务领域的成绩工作，并在设备出现故障时作为后备措施进行不依托设备的人力成绩报送，利用所学专业知识保障赛事平稳运行，助力成绩领域工作以零失误、零延误

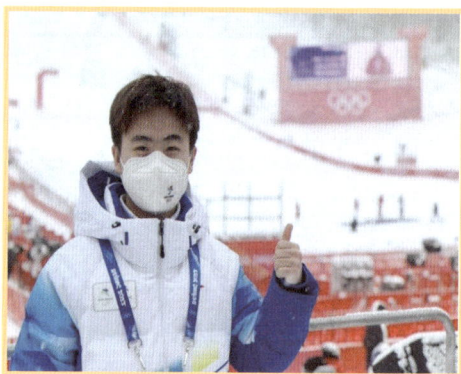
■ 参加北京 2022 年冬奥会志愿服务

和全覆盖的优秀表现完美收尾。历经49天，他作为青年志愿者与团队共同组成冬奥赛场上一条靓丽的风景线，用热情和知识带向世界奉上一届精彩的冰雪盛会。

三、支教传递温暖，灌溉成就希望

2020年暑假，廉皓然作为北航大学生科技志愿服务队成员，跟随团队师生前往山西省吕梁市中阳县阳坡塔学校开展科创支教工作。

实践期间，他为学校初中学生带来"常态化新冠肺炎疫情防控中的科学问题初探"等主题科普教学科创。从"生活中的科学问题"到"创意设计思维"，再加上统计数据这一得力助手和生涯规划的方向引导，他和孩子们共同参与课堂，帮助学生完成一份份充满想象力的

创意项目展示，并且教学全程同步宣传推广。

"帮助了中阳县的孩子，就是帮助了中阳县的明天。"廉皓然积极发挥北航人"托得住、信得过"的过硬作风，参与定点扶贫中教育、人才和科技优势帮扶工作。

四、感悟心声

在投身新冠肺炎疫情防控、助力乡村振兴、参与社会实践、热心志愿服务等方面活动我均积极参与，争做新时代中国青年，继承和发扬五四精神，坚定理想信念，站稳人民立场，练就过硬本领，投身强国伟业。我将始终保持艰苦奋斗的前进姿态，同亿万人民一道，在实现中华民族伟大复兴中国梦的新长征路上奋勇搏击。